KB234573

Marketing Convergence
마케팅 컨버전스

마케팅 컨버전스

초판 발행   2010년 6월 15일
2쇄 발행   2011년 2월 10일

지은이   김용태
발행인   권윤삼
발행처   도서출판 연암사

등록번호   제10-2339호
주소   서울시 마포구 망원동 472-19
전화   02-3142-7594
팩스   02-3142-9784

ISBN 978-89-86938-81-4 03320

이 도서의 국립중앙도서관 출판시도서목록(CIP)은 e-CIP 홈페이지
(http://www.nl.go.kr/ecip)에서 이용하실 수 있습니다.
(CIP제어번호: CIP 2010001439)

Marketing Convergence

모바일 시대 유쾌한 마케팅을 만나다

마케팅 컨버전스

김용태 지음

연암사

머리말

　수수께끼 같은 일들이 요즘 일어나고 있다. 최근에 일어난 두 가지 사건에 대해 생각해 보자. 첫 번째 이해 못할 일은 애플과 구글의 행보다. 구글은 휴대폰을 만들지도 않으면서 왜 안드로이드를 만들었을까? 안드로이드를 통해 로열티를 챙길 것 같지도 않은데 말이다.

　또 스티브 잡스 신드롬은 예상보다 강력하다. 아이폰이나 아이패드가 지금까지 없었던 새로운 개념도 아니고, 기능이 매우 쇼킹한 것도 아닌데 돌풍을 일으키는 이유는 무엇일까? 애플이 일으키는 돌풍이란 단순히 '많이 팔린다' 는 그 이상을 의미한다. 즉 비즈니스 생태계의 지각 자체를 흔들고 있는 것이다.

　국내 IT, 통신 관련 회사들의 움직임이 분주해지고, 제품 간 업종 간 융합convergence 추세가 가속화하면서 비즈니스 판 자체가 새롭게 변하고 있다. 스티브 잡스는 애플사 이름에서 컴퓨터라는 단어를 빼고 모바일과 미디어회사라는 정체성으로 바꿔가겠다고 선언했다. 한국의 SK, KT, LG 등도 '脫통신'을 추구하고 있다. 공짜폰을 앞세워 영역다툼을 벌이던 영업방식에서 벗어나 컨버전스를 통한 솔루션 제공자로의 변신을 꾀하고 있는 것이다.

삼성전자도 기존의 하드웨어 중심의 비즈니스 모델에서 벗어나지 못한다면 급작스런 몰락에 처할 수 있다는 위기감을 느끼고 있다. 그들만이 아니다. 기존의 경계선 안에서 기능을 높이고 시장점유율 확대에 열을 올리던 회사들은 새로운 판이 짜이는 것을 보면서 어찌할 바를 모르는 양상이다.

그런데 더 중요한 것은 애플이 시발점이 된 지진이 단지 IT나 방송, 통신 관련 업종에만 영향을 끼치는 게 아니라는 점이다. 건설, 자동차, 철강, 기계 등의 제조업 분야나 금융, 출판, 엔터테인먼트 등의 서비스업 분야에도 메가쓰나미가 몰려오고 있다.

애플과 구글은 이제 단순히 기기device를 만든다는 개념이 아니라 미디어media를 만들겠다는 패러다임으로 접근하면서 비즈니스의 판platform 자체를 바꾸겠다는 꿈을 실현하고 있는 것이다.

또 한 가지 쉽게 넘길 수 없는 사건은 도요타의 리콜 사태다. 품질경영의 신神 도요타가 대형 사고를 쳤다. 대부분의 사람들이 품질에서 원인을 찾지만, 진짜 문제는 다른 데 있다. 도요타의 품질과 기술력은 이미 세계 최고 수준이다. 주지하는 바와 같이 도요타의 QCQuality Control 활동은 정평이 나 있고, 린, JIT, TPSToyota Production System 등의 '도요타 방식'The Toyota Way 역시 수많은 책에 소개되면서 벤치마킹의 대상이 되고 있다.

　그렇다면 원인은 무엇일까? 내가 보는 관점은 마케팅 마인드의 부족이다. 마케팅이란 단순히 '상품을 많이 팔고 홍보를 잘하는' 개념이 아니라 변화에 적응해가는 이노베이션 과정이다. 이런 의미에서 도요타는 생산지향적이었고 근시안에 빠져 있었다.

　자동차 산업은 이제 더 이상 자동차 제조업이 아니다. 다르게 표현하면, 자동차라는 하드웨어 기기만 생산하는 것이 아니라 이동 중에 휴식을 취하거나 업무공간을 만드는 것이고, 문화와 라이프스타일을 창출하는 정보 산업에도 속한다. 그런 의미에서 미래의 자동차 산업은 IT 산업이 될 수도 있고, 모바일 또는 미디어 산업으로 변할 수도 있다.

　도요타는 지금까지의 자동차 제조업 패러다임에서 벗어나지 못하고 있다. 업종 간 경계가 허물어지고 끊임없이 융합되면서 새로운 기기들이 늘어나는 이 마당에 네 바퀴 달린 물체를 만든다는 개념의 연장선에서 구축된 생산 시스템으로는 패러다임의 이동을 당해낼 재간이 없다. 다시 말해 그들의 수직적인 가치 사슬과 업무 간 경계를 허물지 못해 주어진 틀만 생각하는 근시안이 이번 화를 자초한 것이다.

　전 세계를 호령하던 소니Sony가 뒤처지고 도요타가 추락한 이유는 변화에 적합성을 갖도록 직원들의 의식을 바꾸고 생산방식을 이노베이션 하지 못한 데 있다.

　다음은 우리 기업들의 차례라는 경고음이 여기저기서 들린다. 지각 변동의 정점에서 경쟁사보다 품질은 더 좋게, 기능은 차별화해서 더 많이 팔겠다는 과거의 패러다임에 빠져 있다가는 '이 또한 지나갈' 전성기를 누리고 있는 우리 기업이 일본의 전철을 밟을 수밖에 없을 것이다.

"문제는 마케팅이다! It's the marketing, stupid!"

이러한 지각 변동은 이미 오래 전에 예고되었다. 물이 요동을 치면서 끓다가 100도가 되면 수증기로 변하는 것처럼, 변화도 변할 듯한 조짐을 여기저기서 보이다가 임계점threshold level에 도달하면 다른 세상으로 변한다. 컨버전스 현상이 가속화하면서 꿈틀꿈틀 하던 것이 이제 임계점에 다다랐고, 여기에 스티브 잡스라는 걸출한 프리젠터가 불을 붙여버린 것이다.

우리 기업들은 이와 같은 근원적인 구조 변화를 놓쳐서는 안 된다. 지금의 환경 변화는 경기 부진이나 소비 패턴의 변화가 아니다. 그것은 겉으로 드러나는 현상일 뿐이고 근본적인 원인은 쓰나미가 일으키는 비즈니스 생태계의 변화에 있다. 즉, 내가 딛고 서 있는 지각 자체가 흔들리며 재편되는데 '불황'이니 '경기가 안 좋다'는 생각만 하다가는 멸종될 수밖에 없다는 경각심을 가져야 한다.

정말 무서운 일이 아닐 수 없다. IMF 사태를 경험하면서 우리 기업들이 구조조정을 통해서 위기를 모면해 왔듯이 이제 또 한번의 구조조정이 필요한 시점이다. IMF 때는 재무구조, 인력구조, 조직구조를 조정했다면 이젠 마케팅구조를 조정해야 할 시점이다.

마케팅이란 마켓의 변화에 따라 상품구조, 비즈모델 등의 구조를 조정해가는 작업을 의미한다. IMF가 예고편이었다면 이제 본 영화가 시작되었다. IMF가 지진이었다면 지금은 메가쓰나미가 다가오고 있는 상황이다. 아무리 크고, 잘나가고, 글로벌화된 기업이라도 한 방에 갈 수 있는 파괴력을 지니고 있다. 혁신적인 마케팅 구조조정을 게을리 하면 우리 경제에 재앙이 올 수 있다는 말이다.

창업 성공률이 점점 낮아지는 이유도 바로 여기에 있다. 월급쟁이 시절에는 에스키모에 냉장고도 팔고 사막에 모래도 팔았던 사람들이 자기 사업을 하면서 고전하거나 실패하는 경우가 많아지고 있다. 10~20년 전에는 성공확률이 꽤 높았는데 21세기에 들어 확률이 낮아지는 이유는 지금까지 조직화된 기업에서 일하던 방식이 새로운 시장의 환경 변화에 적합하지 않기 때문이다. 새 술은 새 부대에 담아야 한다. 기존의 낡은 패러다임을 버리고 새로운 사상과 방법론으로 업그레이드해야 하는 것이다.

애플과 구글, 또 페이스북이나 트위터와 같은 SNS는 미디어의 개념과 형태마저도 변화시키고 있다. 기존에는 TV, 라디오, 신문, 잡지 등의 매스미디어를 미디어라 지칭했지만, 인터넷이 확산되면서 "I am a medium", 즉 개인화된 미디어로 변화해 왔다. 여기에 모바일이 가세하면서 개인화할 뿐 아니라 똑똑해지고 있다. 애플과 구글이 주도하는 스마트한 첨단기기로 무장한 스마트몹smart mob이 시장의 중심세력이 되고 있으며, 이에 따라 커뮤니케이션 행태도 기존과 다른 양상을 보인다.

인류의 역사에서 커뮤니케이션 양식은 생산 양식을 지배해 왔다. 산업혁명 이후 대량커뮤니케이션은 대량생산과 대량유통이라는 비즈니스 모델을 가능하게 만들었다. 즉 매스mass 패러다임으로 기업

방식이 변한 것이다. 이제 스마트하고 개인화한 커뮤니케이션 방식은 기업에게 산업시대와는 다른 비즈니스 방식을 요구하고 있다.

이제 기업은 새로운 비즈니스 문법을 공부하지 않으면 안 된다. 이 책에서 얘기하려는 것이 바로 그것이다. 새로운 비즈니스 문법은 세 가지 단어로 압축할 수 있다. 융합convergence, 쌍방향성interaction, 그리고 개인맞춤화fitting다.

이 책에 일관되게 흐르는 주제어가 있다. '유쾌' 라는 단어다. 이것은 시장을 전쟁터에 비유하고 사업을 전쟁이라고 생각하는 기존의 전투적인 마케팅 방식에 반反하는 것이다. 어떻게 보면 지금 일어나고 있는 지각 변동도 생사가 달려 있는 살벌한 전쟁이라 볼 수 있다. 경영자들은 직원들에게 경각심을 주기 위해 전쟁모드를 유지해 왔다. 그러나 전쟁모드로는 붉은 피가 낭자한 레드오션을 벗어날 수 없다. 우리가 지향하는 블루오션은 살벌한 곳이 아니라 유쾌한 곳이다.

시장이 개인화하고 고객들이 스마트해지면서 이제는 상품을 팔기 위해 타깃고객을 향해 총을 겨누고 시장점유율을 높이기 위해 전략을 짜는 등의 전쟁모드는 낡은 마케팅 이론이 되어버렸다. 수직적인 사고방식에서 벗어나 고객과 함께 상품을 만들고 더불어 축제를 벌이는 수평적인 마케팅 방식으로 전환하지 않으면 스마트한 미디어 환경 변화에 대응할 수 없게 되었다.

진시황제가 중원을 통일한 지 20년도 채 되지 않아 진나라를 무너뜨리고 천하를 제패한 한漢고조 유방에게 신하 육고陸賈가 이런 얘기를 했다고 한다.

"말 위에서 천하를 얻을 수 있지만, 말 위에서 천하를 통치할 수는 없습니다."

'이전춘추전국시대까지 부국강병과 술책, 그리고 엄격한 법도로써 천하를 얻기 위해 마상馬上통치를 해 왔다면 이제 과거의 패러다임으로는 새로운 통일국가를 통치할 수 없고 문사철을 토대로 인과 예로써 나라를 다스려야 한다. 말 위에서 천하를 얻은 통치술로 일관해 실패한 진시황제의 전례를 보지 않았느냐' 는 충고를 한 것이다.

전략, 전술, 타깃, 점유 등의 용어를 사용하는 마케팅 전쟁 패러다임은 점점 낡은 개념이 되고 있다. 몸싸움을 벌이면서 시장점유율을 높이는 마상馬上마케팅 방식으로는 새로운 시대에 맞는 경영을 할 수 없다는 뜻이다. 지금까지는 기업들이 시장을 얻는 기간이었다면 이젠 시장을 경영해야 할 시점이다.

이 책은 출간한 졸저 『트로이의 목마를 불태워라』, 『마케팅은 마술이다』 등과 궤를 같이 한다.

마케팅연구소를 시작할 때 가졌던 비전은 '양치기 소년' 이었다. 남들이 들어주건 말건 내가 깨달았던 변화, 그리고 경험을 통해 느꼈던 마케팅의 실체를 많은 사람들과 나누고 싶다는 생각이었다. 강의나 저술, '변화편지' 를 통해 새로운 세상이 오고 있으니 마케팅 방식을 바꿔야 한다고 외치는 양치기 소년의 역할을 해왔다.

그런데, 이제 진짜 늑대가 나타났다.

　이 책에 담긴 많은 생각들은 선배 양치기 소년들에게 빚졌다. 그들의 예지력은 언제나 매력적이다. 또한 이 책을 완성하기까지 많은 이들의 도움이 있었다.

　졸고가 컨버전스 시대를 헤치며 나아가는 기업들, 그리고 창업을 생각하는 사람들을 유쾌하게 해준다면 행복할 것이다. 또한 졸고에서 얻은 아이디어로 많은 성공사례가 나온다면, 그런 황홀한 비전이 이루어지기를 꿈꾼다.

2010년 4월

김용태

Contents 차례

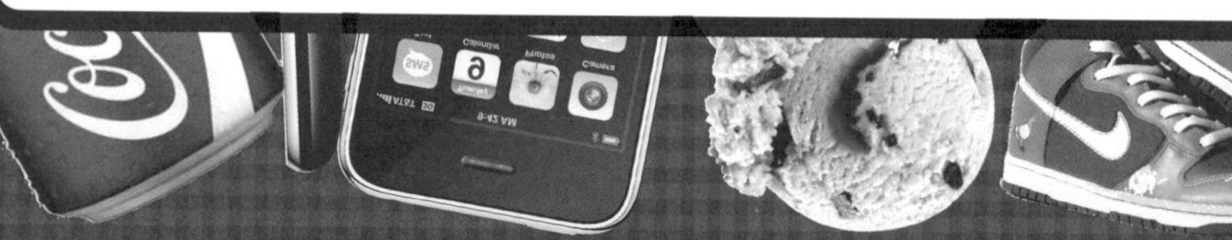

프롤로그

숏shoot을 쏘지 말고 쇼show를 하라

구조를 알면 마케팅이 유쾌해진다

요즘 기업들이 고생이 많다. 변화의 속도가 숨가쁘기 때문이다. 하루가 다르게 새로운 기술이 쏟아진다. 미디어 환경이 급변하고, 비즈니스 재편이 본격화되고 있다. 과거에 잉태되었던 변화의 씨앗들이 때가 되어 움트는 양상이다.

본격적인 산업화 궤도에서 기업들이 한창 성장하고 잘나갈 때는 시장도 보이고, 고객의 행동도 이해되고, 광고를 하면 매출이 오르고, 전략을 짜면 성과도 났었는데, 이제 과거의 경영 방식이 먹히지 않는다.

20세기까지는 그런 경영 논리로 우리 기업들이 성장했고, 글로벌 기업으로 도약하면서 전성기를 누릴 수 있었는데, 점점 다른 기운이 몰려오는 느낌이다. 그 동안 성장세를 보여왔던 대기업들도 관성의 힘으로 가고 있지만 엔진이 언제 꺼질지 불안하다. 신성장동력을 찾기 위해 신규투자도 하지만 예전 같지 않다.

중소기업의 상황은 더 심각하다. 정부와 대기업 위주로 가치 사슬이 굳어지면서 중소기업들의 입지는 점차 축소되고 있다. 부가 가치는 갈수록 떨어지고, 성과는 드러나지 않고, 점점 레드오션으로 침몰되는 느낌일 수밖에 없다. 영업직원에게 성과급 지급 등 각종 프로모션을 제시하지만 상황이 쉽게 바뀌지 않는다.

벤처기업들의 창업 성공률은 2~3%를 밑돌고 직장에서 경험했던 노하우가 자기 사업에는 먹히지 않는다. 이제 학교나 직장에서 배웠던 마케팅 이론은 적용하기 어렵다.

그 이유가 무엇일까? 한마디로 세상이 달라지고 있기 때문이다. 표현을 달리하면 다른 세상이 다가오고 있다는 말이다. 즉 지금 우리는 산업화 시대가 저물고 지식정보 시대로 변화하는 변곡점을 넘어가고 있다. 과거의 경험과 마케팅 방식으로는 미래로 나아갈 수 없다.

우리회사와 경쟁사로 나누는 이분법적 사고구조, '우리제품이 좋다'는 천편일률적인 메시지, 호의적인 이미지로 치장하려는 일방향성 방송식 사고방식으로는 변화의 물결에 대처할 수 없다. 이것을 아직도 마케팅 불변의 법칙이라고 붙잡고 있기 때문에 열심히 노력하지만 문제가 풀리지 않는 것이다.

문제를 풀려면 문제의 구조structure를 파악해야 한다. 구조를 이해하는 힘이 생겨야 '공부의 신'이 될 수 있다. 구조를 볼 줄 아는 힘을 가진 학생에게는 공부가 어렵거나 지겨운 일이 아니라 유쾌한 놀이가 된다.

세상의 트렌드, 그리고 시장과 고객의 변화를 이해하면 구조를 파악할 수 있는 통찰력이 생기고, 그렇게 되면 회사가 내재하고 있는 문제는 쉽게 풀린다. 언뜻 보기에는 고차원 방정식 같지만 일단 핵심을 통찰하고 나면 구구단으로 풀 수 있는 문제가 된다. 따라서 시장이 이해되고 마케팅은 즐겁고 유쾌한 놀이가 된다.

 ## 브리태니커 몰락의 교훈

아직도 대부분의 기업들은 제품을 경쟁사와 차별화하고 품질을 우수하게 만들어서 세일즈를 열심히 하면 성공할 수 있다는 수준을 넘지 못하고 있다. 과거에는 그랬다. 산업화 패러다임이 통용되던 얼마 전까지는 제품을 잘 만들고, 좋은 제품을 잘 팔면 마켓리더로 성장할 수 있었다. 그러나 이제는 가치 방정식이 달라지고 있다.

브리태니커의 급작스런 몰락은 이러한 변화를 극명하게 보여준다. 250년 전통의 백과사전 대명사인 브리태니커는 1995년 개인 투자자에게 헐값에 매각되어버렸다. 이유는 간단하다. 인터넷 때문이다. 인터넷에 접속해서 검색어만 넣으면 실시간으로 따끈따끈한 정보들이 무수히 뜨는데 누가 백과사전을 들춰보겠는가?

그러면 브리태니커는 형편없는 회사였을까? 천만의 말씀이다. 첫째, 브리태니커 백과사전의 품질은 세계 최고였다. 집필진의 전문성과 신뢰도, 컨텐츠의 정확성과 방대함, 인쇄 수준 등등 모든 면에서 다른 백과사전이 따라올 수 없는 압도적인 퀄리티를 보유하고 있었다. 브리태니커는 백과사전 장르의 총칭 브랜드generic brand였다.

둘째, 브리태니커는 세일즈 사관학교로 불리던 회사였다. 교육프로그램은 다른 회사들이 그대로 가져다 쓸 만큼 우수했고, 영업매뉴얼은 모든 회사의 영업 교과서였다. 또 브리태니커 세일즈맨 출신은 스카웃 대상이었고, 그들은 국내에서 맹활약을 보이고 있다.

제품의 퀄리티가 최고이며 좋은 제품을 탁월하게 세일즈하는데 왜 브리태니커가 망했을까? 퀄리티와 세일즈는 성공의 공식이 아니었던가? 브리태니커는 거기에 한 가지 조건을 더 갖추고 있었다. 브랜드 이미지도 좋았다. 비록 읽지는 않아도 '브리태니커를 보는 사람'임을 과시하는 장식용으로 사용되었다. 즉 브리태니커는 지적인 이미지와 상류사회를 상징하는 브랜드 자산을 보유하고 있었다.

이것은 비즈니스 삼박자가 딱딱 맞아떨어지는 것이다. 즉 좋은 상품, 뛰어난 영업력, 브랜드 자산, 세 가지 조건을 갖추고 있으면 망할 수 없다. 그것은 지금까지의 마케팅 교과서에서 강조해오던 성공의 조건이었다. 그럼에도 불구하고 브리태니커가 몰락해버렸다는 사실은 이제 더 이상 품질과 영업력과 브랜드가 성공을 보장하는 필요충분조건이 아니라는 것을 대변하고 있다.

 ## 4P, STP여 안녕!

가치 방정식이 달라지고 있다. 산업화 패러다임의 수명이 다하고 본격적인 지식정보 시대로 이행되면서 과거의 성공방식과 마케팅 모델에 일대 수정이 필요해졌다. 좋은 제품product, 경쟁력 있는

가격 정책price, 유통망 확보와 영업 전략place, 프로모션 전략promotion 등 지금까지 4P로 불렸던 요소들로는 이제 더 이상 가치를 창출하기 어려운 환경으로 변하고 있다.

시장세분화Segmentation, 타깃팅Targeting, 포지셔닝Positioning도 마케팅 불변의 법칙에서 내려와야 한다. 산업화 초기의 시장구조는 대량시장이었다. 그때는 마케팅도 존재할 필요가 없었다. 신속하게 대량생산해서 시장에 유통시키면 됐다. 그러나 시장이 점점 분화되고 고객의 욕구가 다양해지면서 기존의 대량mass 패러다임으로는 대응이 어려워졌다.

이와 같은 시장구조의 변화를 읽고 STP 전략으로 무장했던 기업들은 현재 마켓리더십을 누리고 있지만 대응에 게을렀던 기업은 몰락할 수밖에 없었다.

그런데 시장구조가 다시 요동치고 있다. 세분화 구조에서 개인화 구조로 변하고 있는 것이다. 스마트 미디어들과 유비쿼터스 기술은 모든 사람을anybody 네트워크로 연결시켜 언제anytime, 어디서나anywhere 정보를 주고받을 수 있는 환경과 고객이 있는 곳이라면 어디든 시장으로 만들어가고 있다. 즉 고객 한 사람 한 사람이 곧 시장이 되는 'I am a market' 패러다임은 과거 공간적, 시간적으로 존재했던 시장의 의미를 퇴색시키고 있다. 또한 이제는 'market place'만 존재하는 것이 아니라 'market space'도 존재한다.

마켓 구조가 달라지면 마케팅 방법도 달라져야 한다. 이제는 개인화된 스마트 미디어 시대의 유비쿼터스 시장구조에 적합한 새로운 마케팅 모델을 개발해야 한다. 이 구조를 이해하고 꿰뚫으면 마케팅이 유쾌해진다. 고단하고 복잡한 일이 아니라 고객과 함께 놀면서 즐기는 노하우를 얻을 수 있다. 공부 원리를 알면 공부가 재미있듯 말이다.

 ## 마케팅 전쟁에서 마케팅 놀이로

知之者不如好之者

好之者不如樂之者 – 논어 '옹야편雍也篇' –

논어에 나오는 말이다. 아는知 자는 좋아하는好 자만 못하고, 좋아하는 자는 즐기는樂 자만 못하다는 뜻이다. 열심히 노력하는 사람이 즐기는 사람을 이기지 못하는 것이 세상의 이치다.

지금까지의 마케팅은 좀 살벌했다. 전략과 전술, 타깃 등의 용어는 마케팅을 전쟁에 비유한 것이다. 두 차례의 세계대전을 겪으면서 개발된 전략 모델을 기업경영에 도입하다보니 마케팅이 전쟁모드가 됐다.

경쟁을 강조하고, 먼저 깃발을 꽂아야 한다는 잭 트라우트와 알리스의 포지셔닝 이론은 마케팅 불변의 법칙으로 숭상되었다. 그들의 『마케팅 전쟁』은 지금도 스테디셀러이며, 여러 모델을 이론적으로 체계화한 필립 코틀러의 『마케팅 매니지먼트Marketing Management』는 마케팅 교과서의 원형이다.

나는 이들의 통찰력을 사랑한다. 그들의 이론과 모델은 경영기법의 발전에 지대한 공헌을 했고, 마케팅의 유효성을 높이는 데도 반드시 필요한 것이었다. 그러나 이제는 그들의 업적을 업그레이드해야 할 때가 됐다. 더불어 마케팅 교과서도 다시 써야 한다.

마케팅은 전쟁war이 아니라 놀이play가 되어야 한다. 생산자가 경쟁사와 몸싸움을 벌이면서 소비자에게 상품을 파는 것이 아니라 고객들과 함께 축제를 벌이고, 공동으로 가치를 창출하는 것이 변화에 적합한 새로운 마케팅 패러다임의 본질이다. 이것이 지식기반경제knowledge-based economy의 핵심이다.

직원들도 열심히 일해서는work hard 안 되고, 똑똑하게 일해야work smart 한다. 그러려면 일을 즐겨야 하고, 즐길 수 있으려면 구조를 꿰뚫어야 한다. 구조를 알면 일은 순식간에 해결된다.

 ## 유쾌한 마케팅의 달인을 만나다

구글은 유쾌하게 일하는 회사다. 경쟁사나 시장점유율의 근시안에 빠지지 않으며, 넓은 시야로 비즈니스 생태계의 지각 변동을 이해하고 자신들의 핵심 역량에 집중하면서 영역을 넓혀 가는 지혜를 가지고 있다. 또한 그들은 사업 초기부터 오픈마인드를 견지하고 있다.

검색사이트이지만 구글사이트에는 광고가 붙어있지 않다. 인공위성으로 찍은 구글맵은 다른 회사들도 얼마든지 가져다 쓸 수 있다. 그것을 독점하고 많이 판매해서 수익을 얻겠다는 유혹에 빠지지 않는다. 또 구글은 스마트폰 제조사가 아니지만 2009년에는 애플의 아이폰에 대항하기 위해 모바일 플랫폼인 안드로이드Android의 OS 플랫폼과 소스 코드를 오픈했다.

　이들의 마케팅 패러다임은 분명히 기존과 다르다. 좋은 상품을 생산해서 잘 판매해야 한다는 기존 마케팅의 관점에서 보면 그들은 초보거나 비즈니스 마인드가 없는 사람들이다. 그런데도 세계 최고의 회사가 되었다.

　캘리포니아에 있는 회사 내의 분위기는 업무와 유희를 구분할 수 없다. 그들은 회사를 구글 플렉스Google plex라고 부른다. 사무실의 인테리어도 놀이동산 같다. 그러나 이 가운데 보이지 않는 질서가 존재하며, 또 창의성이 발휘되고, 지속적인 새로움을 찾아간다. 이들의 마케팅은 유쾌하다.

　투자의 귀재 워런 버핏은 마케팅의 달인이다. 그는 일 년에 한 번 고객을 축제에 초대한다. 그가 운영하는 버크셔 해서웨이의 주주총회는 유명하다. 세계 각지에서 초대되어 온 사람들은 그저 축제를 즐긴다. 칵테일파티와 카드놀이, 영화감상 등을 하면서 품격있는 커뮤니티를 형성하는 것이다. 회의가 유쾌한 축제이고 놀이다.

　국내에서도 유쾌한 마케팅이 늘고 있다. 현대카드는 신용카드 업계에서 후발주자였지만 지금은 상당한 위치에 올라 있다. 현대카드의 문화와 철학은 다른 회사와 달리 독특한 점이 많다. 이들은 기존의 틀에 얽매이지 않고 과감한 발상의 전환을 시도했다.

　카드 디자인의 고정 틀도 깨뜨리고, 직원들의 업무 정체성도 바꿔버렸다. 그것은 창의적인 광고에서도 느낄 수 있다. 경쟁사들이 회원 늘리기에 주력할 동안 현대카드는 블루오션으로 빠져나갈 수 있었다.

쇼show를 했던 KTF는 SK텔레콤을 위협하면서 격차를 줄였다. 전쟁모드로 대항하지 않고 놀이모드로 변화한 것이 WCDMA의 마켓 리더로 부상할 수 있도록 만들었다. 이는 시장 도전자market challenger는 도전적으로 차별화해서 경쟁해야 한다는 기존의 전투적인 마케팅 이론에 반하는 일이다.

또한 KT는 고객들과 어울려 놀면서 쿡Qook의 성공적인 런칭을 이끌었고, KTF와 융합하면서 쿡앤쇼로 업그레이드되었다. 이제 그들은 '다 그래를 뒤집는' olleh로 유쾌함을 강조하고 있다.

 '카더라' 통신에 현혹되지 말고
당신의 DNA를 찾아라

그러나 유쾌한 마케팅의 성공사례를 무조건 따르는 것이 성공을 보장해 주지는 않는다. 내 체질에 맞지 않는 물질이 몸속에 들어오면 오히려 독이 되는 것과 같은 이치다.

다수의 기업이 저지르는 실수가 여기에 있다. 대개의 경우 새로운 이론이나 전략 모델이 유명해지면 기업들은 따라하기 바쁘다. 예를 들어 '어느 회사가 블루오션을 발견했다더라' 하면 너나없이 블루오션의 기치를 높이 든다.

'카더라 통신'에 현혹되어 두 주먹을 불끈 쥐는 것이다. 그것이 자신의 DNA와 일치하는지 검증없이 무작정 좇아간다. 이는 동네 축구 수준의 마케팅이다.

중요한 것은 근본 원리다. 유쾌한 마케팅이 무엇이며, 왜 해야 하는지, 그 이치가 무엇인지 본질을 알아야 자신만의 독특한 모델을 만들 수 있다.

이 책에서 이야기하려는 것이 바로 그것이다. 세상이 어떻게 변하고 있는지, 그 구조와 변화의 축은 무엇인지, 그에 따라 시야를 어떻게 넓히고 대응해야 하는지 말하려는 것이다.

마케팅은 반드시 유쾌해져야 한다. 그러면 일도 쉬워지고 재미있으며 성장도 이룰 수 있다. 그것은 변함없는 명제다. 변화하지 않고 기존의 마케팅 전쟁 놀음에 몰두하면 지각 변동이 일어나는 환경에서 퇴출당하고 말 것이다. 변화의 구조를 이해하고 본질을 파악해 당신만의 유쾌한 모델을 찾아라.

살벌한 마케팅에서 유쾌한 마케팅으로!

이제는 슛shoot을 쏘지 말고, 쇼show를 해야 한다.

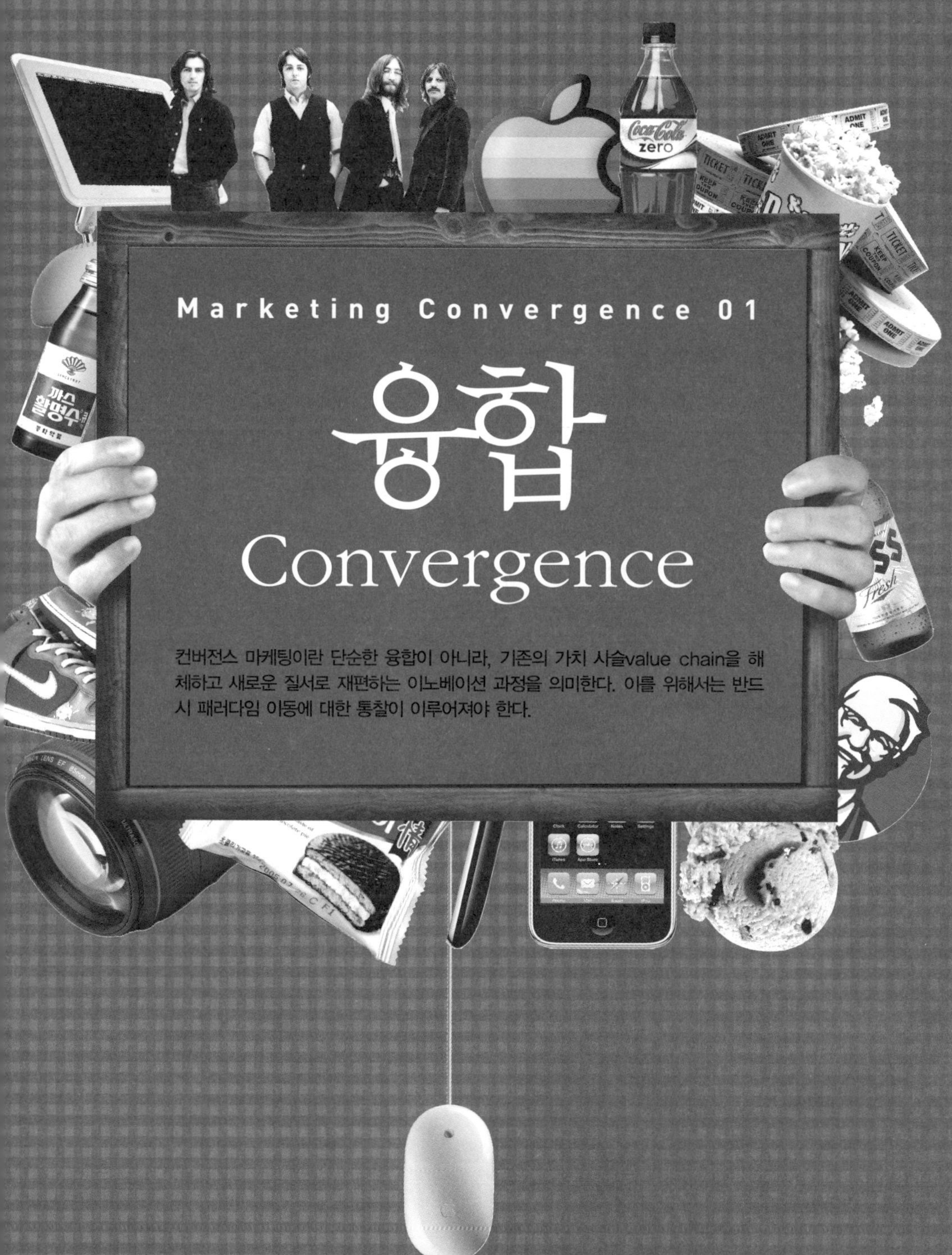

Marketing Convergence 01

융합
Convergence

컨버전스 마케팅이란 단순한 융합이 아니라, 기존의 가치 사슬value chain을 해
체하고 새로운 질서로 재편하는 이노베이션 과정을 의미한다. 이를 위해서는 반드
시 패러다임 이동에 대한 통찰이 이루어져야 한다.

컨버전스 마케팅
– 휴대폰은 더 이상 전화기가 아니다

컨버전스는 기존의 분류 체계와 질서가 무너지는 것을 의미한다. 즉 산업혁명이 만들어 놓았던 표준산업분류표가 무색해지는 것이다. 컨버전스가 일어나는 원인은 지각 변동 때문이다.

휴대폰, 누구냐 넌?

휴대폰은 더 이상 전화기가 아니다. 처음 등장했을 때는 이동 중에 통화가 가능한 전화기였지만, 전자수첩 기능이 들어가고, MP3 기능이 추가되어 음악도 듣고, 디지털 카메라로 사진도 찍고, 대용량 기억장치를 삽입하면 USB도 따로 휴대할 필요가 없다. 또 DMB가 시작되면서 휴대폰으로 TV도 보고 자동차에 갖다 붙이면 네비게이션 역할도 한다.

스마트폰이 나오면서 메일도 체크하고 인터넷과 모바일 컨텐츠들을 사용할 수 있게 되었다. 손안의 PC가 되어버린 것이다. 태블릿 PC로 책이나 신문도 액정화면으로 볼 수 있다. 그 뿐만이 아니다. 휴대폰은 벤처들의 사업 터전으로 바뀌고 있다.

과거에는 컨텐츠 제공회사CP; Contents Provider가 이동통신사의 검수를 거쳐야만 업로드할 수 있었지만, 이통사와 관계없이 모바일 컨텐츠를 직거래할 수 있도록 애플이 만든 앱스토어Application store나 구글의 안드로이드 마켓은 기회의 땅으로 부상하고 있다. 이쯤 되면 '휴대폰, 누구냐 넌?' 소리가 절로 나온다.

휴대폰만 그럴까? TV도 진화를 거듭하고 있다. 예전에는 방송국에서 송신하는 전파를 수신하는 것이 TV였지만 이제 단순한 기능만 하는 수상기가 아니다. 아직까지는 셋톱박스에 연결하는 IPTV가 재방송이나 사업자가 모아놓은 영상물을 보는 1.0 수준이지만, 쌍방향이 가능한 IPTV 2.0시대가 본격화하면 TV를 보다가 인터넷 검색을 할 수 있고, 해외에 나가 있는 가족들과 영상 통화도 하고, 3D게임도 즐기면서 초인종 소리가 울리면 화면으로 확인해 문도 열어주고, 주방의 가스불도 끄는 등 TV가 홈네트워킹의 센터 역할도 하게 될 것이다.

이미 본격적으로 이런 융합 추세가 시작되었다. 2010년 2월 국내 IPTV 사업자들이 앱스토어나 안드로이드 마켓처럼 일반인들이 IPTV에 직접 컨텐츠를 올려서 판매할 수 있도록 자신들의 소스를 오픈하겠다고 발표했다. 향후 IPTV는 모바일과도 연계된다.

휴대폰이나 TV는 방송과 통신의 컨버전스convergence 추세를 상징적으로 보여주는 제품이다. 융합, 수렴쯤으로 번역할 수 있는 컨버전스란 과거에는 제품과 제품 간, 또 업종과 업종 간의 경계선이 분명히 있었는데, 이것이 허물어지면서 서로 융합되는 현상이라고 정의할 수 있다.

컨버전스는 기존의 분류 체계와 질서가 무너지는 것을 의미한다.

 마케팅 컨버전스

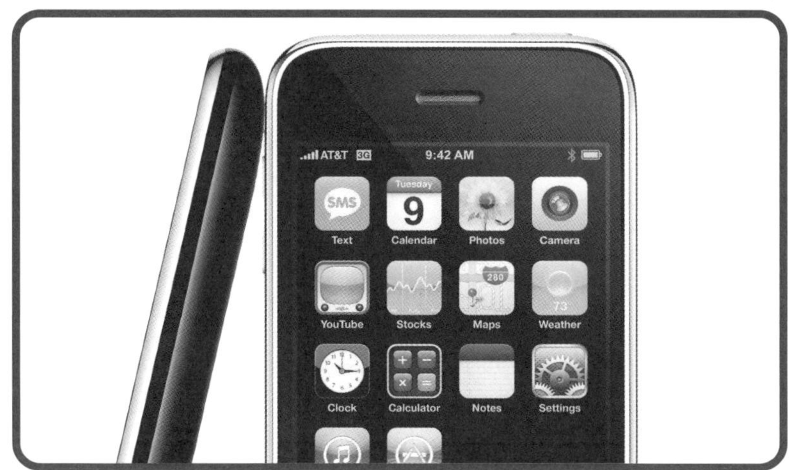

■ 애플 현상은 도시라는 행정구역의 의미를 퇴색시키고 있다

산업혁명이 만들어 놓았던 표준산업분류표가 무색해지는 것이다. 컨버전스의 원인은 지각 변동 때문이다. 지각 변동으로 땅이 흔들리니 벽에 금이 가고, 그 강도가 심해져 땅이 갈라지면서 담이 무너져 내리는 것이다.

지금까지 기업들이 딛고 서 있던 땅의 영역 구분이 없어지고 뒤섞이는 지각 변동이 현재 벌어지고 있는 변화의 실체다. 이것은 비즈니스 생태계의 빅뱅big bang이다.

디지털 컨버전스의 사례는 이 외에도 무수히 많다. 갈수록 IT와 BT Bio Technology가 융합되고, IT와 CT Culture Technology가 융합되는 사례들이 늘어날 것이다. 업종 파괴는 이미 가속도가 붙어버렸다.

컨버전스는 IT 분야에서만 일어나는 현상이 아니다. 모든 분야에서 쓰나미처럼 지각 변동을 일으키고 있다. 건축 분야에서도 복합 건축 단지가 유행처럼 번지고 있다. 주상복합아파트가 가치를 더 인정받고, 사무실과 호텔, 아파트, 쇼핑몰, 문화 및 엔터테인먼트 시설 등이 융합된 일본 도쿄의 록폰기힐즈가 벤치마킹의 대상이 되었다. 국내에서 계획하고 있는 용산의 국제업무 단지나 구로구에서 준비하고 있는 복합업무 단지 등은 단순한 오피스 시설이 아니다.

공항空港도 변신 중이다. 공항의 원래 기능은 비행기의 이착륙과 출입국 수속을 하는 곳이다. 그러나 독일의 뮌헨공항은 호텔과 국제회의장을 갖춘 비즈니스 센터, 쇼핑몰, 체육시설 등이 있다. 업무 차 방문한 사람들이 차를 타고 시내까지 갈 필요없이 공항에서 회의하고 쇼핑과 엔터테인먼트를 즐긴 후 돌아갈 수 있다.

인천공항의 변신도 이러한 추세의 연장선상에 있다. 인근 호텔에 투숙하면서 비즈니스 센터에서 업무를 협의하고, 바로 옆에 있는 스카이72에서 골프도 치고, 조금만 나가면 송도 신도시에서 휴가를 즐기다 갈 수도 있다. 공항의 개념이 달라지고 있는 것이다.

컨버전스 현상은 도시라는 행정 구역의 의미를 퇴색시키고 있다. 즉 도시 경계선의 의미가 사라지는 것이다. 생각해 보라. KTX를 타면 서울에서 천안까지 30분 소요된다. 대전도 40분 정도면 간다. 서울의 강남에서 강북을 가려면 막히는 것을 감안해서 1시간은 예상해야 한다. 사정이 이렇다면 어느 곳이 서울과 가까운가?

도시의 개념도 면面에서 선線으로 달라지고 있다. 즉 지금까지는 서울, 천안, 대전 등의 경계선이 있고 면의 개념으로 도시가 존재했지만, 교통과 통신 수단의 눈부신 발달은 선으로 연결되는 도시의 개념을 가능하게 만들고 있다.

 ## 빅뱅이 일어난다

금융업은 어떠한가? 은행, 증권사, 보험회사 간의 경계선이 무너지면서 금융시장 내의 빅뱅이 일어나고 있다. 2009년부터 발효된 자본시장통합법을 쉽게 표현하면 은행, 증권, 보험이 계급장 다 떼고 붙어보자는 것이다. 즉 기존에는 은행은 예금과 대출을 취급하고, 증권사는 증권 거래와 펀드 판매 등을, 보험사는 보험 업무만 취급했지만 이제는 은행도 증권과 보험 업무를 할 수 있고, 역으로 증권사나 보험사도 모든 금융 업무를 할 수 있게 됐다. 금융회사들이 M&A 등을 통해 몸집 불리기에 나서는 것도 이러한 지각 변동에서 퇴출당하지 않기 위해서다.

유통업도 마찬가지다. 유통업이란 생산자들의 상품을 구매, 진열해 놓고 광고 판촉 등을 통해 소비자에게 판매함으로써 마진을 취하는 비즈니스 모델을 가지고 있다. 유통업은 산업혁명으로 발전할 수 있었다. 즉 산업혁명으로 대량생산, 대량유통이 가능해지면서 생산자와 소비자가 분리되었고, 이들을 연결시켜주는 파이프라인이 바로 유통업이다.

산업화 사회에서 전성기를 누리던 유통업은 점차 그 힘을 잃어가고 있다. 산업화 초기에는 단순한 구조였던 유통채널이 다양해졌고, 인터넷과 모바일의 발달, 스마트폰 등 첨단기기로 무장하면서 똑똑한 군중smart mob으로 변신시킨 유비쿼터스 환경은 유통업의 존재 이유를 약화시키고 있다.

유통채널들이 위기감을 느끼고 있는 근본적인 이유가 바로 여기에 있다. 과거처럼 단순히 상품을 진열해 놓고 판매하는 방식만으로는 입지가 좁아질 수밖에 없다. 예를 들어, 편의점은 구멍가게를 현대화하는 개념으로 시작됐지만 이젠 단순한 유통업이 아니다. 편의점에서 택배업무를 대행하고, 공과금도 수납한다. 심지어 비행기 표를 파는 곳도 있다. 베이커리 카페와 융합하는가 하면, 김밥이나 샌드위치 등 간단한 식사를 제공하는 식당으로 변신하기도 하고, 늦게 퇴근하는 독신자를 위해서 세탁물도 맡아준다. 생활편의공간으로 진화하고 있는 것이다.

백화점의 변신도 활발하다. 고급 상품을 최상의 서비스로 판매하는 것만으로는 백화점이 처한 위기를 돌파할 수 없다. 이제는 상품이 아니라 라이프스타일을 팔아야 한다. 즉 고객들에게 끊임없이 새로운 고급 라이프스타일을 제안하려는 노력이 필요한 것이다. 백화점에서 와인행사나 각종 문화행사를 기획하는 것도 이 때문이다.

쇼핑이란 용어 대신 몰링malling이란 개념을 도입한 이유도 단순히 물건을 구입하는 곳이 아니라 생활문화공간으로 변모하는 추세를 반영한 것이다.

도서 유통업이라 할 수 있는 서점도 책만 파는 형태에서 벗어나고 있다. 문화휴식공간을 만들고 다양한 행사와 온오프라인 이벤트를 통해 고객에게 정보를 파는 공간으로 탈바꿈하고 있다. 할인점에 문화 센터가 만들어지고, 교육 센터가 생겨나는 것도, 주유소를 겸

업하는 것도 모두 컨버전스 현상이 나타나는 것이다.

 ## 통섭? 힙뽕? 무비컬?

컨버전스 쓰나미는 산업계만의 일이 아니다. 학문 분야에서도 융합이 일어나고 있다. 몇 년 전부터 지식의 융합을 의미하는 통섭統攝, Consilience이라는 용어가 이슈화되고 있다. 통섭이란 학문 간의 경계가 없어지는 것을 의미하는데, 컨버전스와 동일한 개념이라 할 수 있다.

대학에서는 과학과 예술, 경영과 공학이 융합되고 있다. 이러한 변화의 선두에 있는 MIT 대학의 미디어랩이나 공학, 경영, 예술 등을 결합하여 창의적인 성과를 만들어내는 카네기멜론 대학의 엔터테인먼트기술센터ETC; Entertainment Technology Center는 대기업의 구애를 한 몸에 받고 있다.

본디 모든 학문은 하나였다. 문文, 사史, 철哲은 한 몸에서 나온 것이며, 과거의 유명한 수학자들은 철학자였다. 경제학, 정치학의 개념이 분리되어 쓰여진 것은 수백 년에 불과하다. 르네상스를 지나 서구 산업 문명이 세계의 중심으로 자리잡게 되면서 학문이나 산업 분야에서 경계선이 구분되는 분리현상 즉, 디버전스divergence가 일어났던 것이다. 그 시대에는 이성理性이 패러다임을 지배했던 시절이었다 칸트의 '순수이성비판'도 감성과 분리된 순수이성에 의문을 제기했다.

그러나 서구 산업 문명이 쇠락하면서 구분되었던 경계선이 무너지고 다시 융합되어 새로운 질서로 재편되는 과정이 패러다임의 이동 모습이다. 이 과정에서 이성에서 감성으로 가치가 이동하고 있다.

예술 분야는 어떠한가? 장르 간 구분이 없어지면서 서로 다른 형태들이 융합되어 새로운 장르를 낳고 있다. '힙뽕' 이라는 장르를 들어봤는가? 힙뽕은 힙합과 뽕짝의 합성어다. 트로트 가수 주현미와 힙합 가수 조PD가 같이 음반을 취입하면서 힙뽕이라는 장르를 만들어냈다. 또한 영화에서 성공한 작품을 뮤지컬로 각색해서 새로운 감동을 주는 '무비컬' 도 인기를 얻어가고 있다.

정통 연주회는 예전보다 사람들의 발길이 뜸해졌다. 연주를 하는 음악 생산자와 표를 구입해서 듣는 음악 소비자의 분리는 새로운 패러다임에 맞지 않기 때문이다. 음악과 미술이 융합되기도 하고, 음악과 멀티미디어가 합쳐지며, 고객을 참여시키는 사례들이 늘어나고 있는 것도 이러한 추세와 관련 있다.

미술 전시회도 기존의 전통적인 방식을 탈피하려는 시도들이 많다. 이제는 하나의 장르 안에서 자신의 예술 세계를 표현하는데 한계를 느낀다고 설파하는 예술가들이 늘고 있다. 스포츠 선수나 연예인들도 이젠 멀티플레이어가 되어야만 스타가 되는 환경으로 변해가고 있다.

 ## 剝물관인가, 博물관인가?

이건무 당시 국립박물관장이 매체와의 인터뷰에서 향후 박물관의 발전 방향에 대해 다음과 같은 얘기를 했다.

"국립박물관은 복합문화공간을 지향합니다. 과거의 유물만 전시하는 '박제된 장소'가 아니죠. 또 역사를 배우러 오는 교실도 아닙니다. 부담없이 와서 여유를 찾는 곳이 돼야 하죠. 공연장, 식당 등을 확충한 이유이기도 합니다. 하지만 아직도 낮에 즐길 만한 컨텐츠가 빈약합니다. 전시와 공연이 따로 노는 상태입니다. 말 그대로 '넓은 것'을 보여주는 '박물博物'이 되려면 보완할 게 많아요. 전시, 해설, 음악, 요리 등을 결합한 패키지 프로그램을 도입할 계획입니다."_중앙일보, 2006.6.26

이제는 박물관도 정체성을 바꿔야 한다는 얘기다. 과거처럼 학생들이 줄을 서서 견학하고 가던 시대는 지났으니, 다양한 문화컨텐츠와 새로운 라이프스타일로 무장해 시민들이 즐길 수 있는 공간으로 업그레이드되지 않으면 박제된 장소로 전락해버린다는 경고를 던진 것이다.

미국의 세인트루이스에 있는 제퍼슨 국립 개척 메모리얼은 역사와 놀이가 융합된 사례다. 이곳은 서부 개척사를 한 눈에 볼 수 있는 박물관으로 대형 아치Gateway Arch 1층에 마련돼 있다. 이 곳의 명물은 아치 꼭대기로 가는 트램tram이라는 캡슐형 놀이시설이다. 트램은 서부 개척사를 한눈에 볼 수 있도록 만들어진 놀이시설인 셈이다. 이렇듯 박물관과 엔터테인먼트가 컨버전스되고 있다.

일일이 언급하지 않았지만 산업계 전반에서 또 사회적으로 컨버전스의 물결이 거세다. 이것은 태풍 정도가 아니라 땅 자체가 갈라지고 재구성되는 쓰나미와 같다. 이러한 근본적인 지각 변동에서 자유로울 수 있는 기업이나 개인은 없다.

컨버전스 현상은 새로운 마케팅 방식을 요구한다. 기존 방법으로는 시장 구조를 파악할 수 없을 뿐만 아니라 소비자 트렌드도 이해할 수 없다. 또한 기존의 전략 모델로는 마케팅에서 성공하기 어렵다.

 ## 컨버전스 마케팅에 관한 두 가지 오해

이제는 기존의 틀과 경계선을 깨뜨려야 살아남는다. 컨버전스 변화에 대응하는 마케팅 전략으로서 흔히 '컨버전스 마케팅convergence marketing'이란 용어를 사용하는데 많은 마케터들이 컨버전스 마케팅의 개념을 잘못 이해하는 경우가 많다.

첫 번째의 유형은 컨버전스 마케팅을 한 제품에 여러 가지 기능을 합치는 것으로 생각하는 것이다. 예를 들어, 휴대폰에 많은 기능이 있어도 고객들은 다 사용하지 않는다. 오히려 요즘은 단순화하는 경향이 늘고 있다. 기능이 많으면 가격이 올라가고 고장도 잦을 뿐만 아니라 사용상의 불편함이 증가할 수밖에 없기 때문이다.

두 번째 유형은 M&A나 사업다각화 의미로 받아들이는 것이다. 즉 업종의 벽을 허물고 다른 업종의 사업으로 진출하는 것으로 생각하는 것이다.

그러나 컨버전스 마케팅이란 무조건 다기능 제품, M&A나 사업다각화를 의미하는 것은 아니다. 경우에 따라서는 그렇게 해야 할 필요성도 있지만, 그 본질은 오히려 반대다.

컨버전스 마케팅을 위해서는 많은 제휴와 네트워킹이 필요한데,

이를 위해 자신의 핵심 역량에 집중하면서 다른 기업들과 공생共生하는 전략을 구사해야 한다. 이와 같은 컨버전스 마케팅에 대한 오해는 본질을 이해하지 못한 데서 기인한다.

컨버전스 마케팅이란 단순한 융합이 아니라, 기존의 가치 사슬 value chain을 해체하고 새로운 질서로 재편하는 이노베이션 과정을 의미한다. 이를 위해서는 반드시 패러다임 이동에 대한 통찰이 이루어져야 한다. 즉 컨버전스란 이성 중시와 디버전스로 대별된 서구 산업 문명이 쇠락하면서 나타나는 반동 현상이다.

지식정보 시대로 이동하면서 감성이 중시되고, 새로운 가치 사슬로 재구성되는 구조 변화에 기업들이 순응하도록 마케팅 모델을 바꾸는 작업을 컨버전스 마케팅이라 할 수 있다. 이는 단순히 제품을 파는 것이 아니라 제휴와 네트워킹을 통해 융합된 솔루션을 제공하는 비즈니스 패러다임이라 정의할 수 있다.

 컨버전스 마케팅은 정체성 바꾸기로 시작된다

컨버전스로 업종 구분이 없어지는 상황에서 기존의 사업 영역은 의미가 사라졌다. 컨버전스 마케팅은 정체성의 재정립으로부터 출발한다.

애플은 자신들의 정체성을 바꿨다. 그들의 사업 영역은 기기device 제조업이 아니라 미디어media 사업이다. 즉 스티브 잡스는 아이팟이나 아이폰, 아이패드를 단순히 기능과 디자인이 경쟁제품과 차별된 하드웨어 기계장치로 만든 것이 아니다.

■ 미디어 기능을 강화해 큰 부가 가치를 창출하는 애플의 아이패드

그가 역점을 둔 것은 미디어 기능을 담당케 해 더 큰 부가 가치를 창출하겠다는 것이다. 아이튠즈나 앱스토어를 만든 이유가 바로 여기에 있다. 애플은 기존의 MP3 플레이어나 휴대폰, 태블릿PC 제조업체들과는 다른 패러다임으로 접근하고 있는 것이다.

80~90년대 침체의 늪에 빠져 있던 IBM이라는 코끼리를 다시 춤추게 할 수 있었던 비결은 컴퓨터 생산자computer maker에서 솔루션 제공자solution provider라는 정체성 전환이다.

블루오션을 발견하고 합류한 기업의 공통점은 정체성을 바꾼 데 있다. 이것은 대기업만의 얘기가 아니다. 중소기업이나 벤처기업도 마찬가지다.

2009년 이코노미스트지에 유망한 중소기업을 소개하는 기사가 실렸다. 그 중 두 회사의 사례가 흥미로웠다. 하나는 명함인쇄회사이고, 또 하나는 여행사였다. 명함인쇄업은 대표적인 레드오션 업종이라고 인식되고 있다. 디지털화하면서 인쇄 수요는 점점 사양될 수밖에 없다. 경쟁이 치열하고 마진이 박한 전형적인 하청 구조를 가진 인쇄업에서 창업하고 성장하기란 쉬운 일이 아니다.

그러나 창업한지 10년 된 이 회사는 지속적인 성장으로 매출이 190억 원에 이르렀다. 그 뿐만이 아니다. 중국에도 진출했고, 곧 상장된다는 회계 법인의 진단도 받았다. 어떻게 이런 기적이 가능했을까? 다음의 기사를 읽고 의문이 풀렸다.

"박 대표는 작은 인쇄소를 운영하려는 게 아니라 IT 기반의 인쇄 서비스업을 하려고 회사를 설립했다."

"이 시장에 진입하면서 가진 저의 신념은 인쇄업 곧 제조업이 아니라 서비스업을 해야 한다는 것이었습니다."

인쇄업과 IT를 융합한 것이 성공요인이 된 것이다. 즉 '우리는 인쇄업이 아니라 IT를 기반으로 하는 인쇄 서비스업이다' 라는 정체성을 가지면서 비즈니스 모델도 IT를 중심으로 구조화하는 컨버전스 마케팅의 좋은 사례가 된다.

또 여행사의 경우도 매우 창의적이었다. 여행업도 경쟁이 심하고 저마진인 레드오션 업종이다. 이 회사의 대표는 금융회사에 종사하다가 아이디어를 얻어 창업했다. 비즈니스 모델은 고객과 1:1 상담을 통해 여행 계획을 잡아주고 고객은 매월 일정금액을 적립했다가 그 돈으로 여행을 가는 방식 즉, 금융의 선물先物거래 기법을 적용해 특허도 획득했다. 이 회사의 수익은 여행 상품보다 선물금융이 더 많다.

여행사들이 경쟁사와 차별된 상품을 만들고, 고객을 더 많이 확보하기 위해서 프로모션하는 방식의 마케팅을 펼치는 수준에 머물러 있을 때 이 회사는 경계를 허물고 다른 업종과의 융합모델을 만듦으로써 블루오션으로 갈 수 있었던 것이다. 기존의 틀을 깨는 창의적인 혁신, 이것이 컨버전스 마케팅의 요체다.

 ## 경계선 너머에 블루오션이 있다

지금까지의 마케팅 방식들은 좀 살벌했다. 마케팅을 전쟁에 비유하고, 전략과 전술이니 타깃이니 게릴라 전법이니 하는 용어들이 난무했다.

예를 들어, STP 전략 모델도 그것의 일종이다. 시장을 공략하기 위해서는 먼저 시장을 세분화Segmentation하여 인식하고, 집중할 타깃을 정하고Targeting, 그 타깃 시장 내에서 어느 위치를 점령할 것인가Positioning를 전략화하는 것이 STP 모델의 개념이다.

그런데 컨버전스가 일어나면서 STP 모델의 근저가 흔들리고 있다. 시장의 영역 자체가 흔들리고 갈라지는데 어떻게 세분화할 것인가? 시장이 세분화 단계를 지나 개인화하면서 흩어지는데 타깃팅이 수익성을 보장해줄 수 있을까? 또 기존의 가치 사슬이 붕괴되고 표준산업분류표가 무색해지는 상황에서 포지셔닝이 무슨 의미를 가지겠는가? 결국 컨버전스가 기존의 마케팅 개념도 헷갈리게 만든다.

다음에 인용하는 두 얘기를 들으면 아마 더 헷갈릴 것이다.

"전략을 수립할 때 대개의 경우 경쟁과 기존 산업을 분석하고 전략

그룹을 살펴본 뒤 집중 공략할 고객을 정한다. 이런 과정을 무의식적으로 거친다면 레드오션에 빠져있는 것이다." _한경, 2005

'블루오션'의 저자 김위찬 교수가 한경과의 인터뷰에서 한 말이다. 그런데 이게 무슨 말인가? 마케팅 전략을 수립할 때 경쟁사와 시장을 분석하고 타깃팅하는 것은 너무나 당연한 프로세스가 아닌가? 그렇다면 지금까지의 마케팅 책들이 주장하고 가르쳐 왔던 명제를 부인한다는 얘기인가? 결론부터 말하자면, 그렇다.

김 교수가 말하려는 것은 이젠 과거의 마케팅 방식으로는 레드오션에서 벗어날 수 없고, 블루오션을 발견할 수도 없다는 것이다. 생각의 일대 전환, 고정관념의 틀과 경계를 허물지 않고서는 새로운 미래로 나아갈 수 없다.

그러면서 이런 말을 덧붙인다.

"블루오션으로 가려면 시장 경계선 내에서만 보지말고 경계선 너머에 있는 새 수요를 볼 수 있어야 한다."

즉 컨버전스를 이해해야 비非수요를 발견할 수 있고, 새로운 기회의 땅 블루오션으로 갈 수 있다는 얘기다. 앨드리치D. F. Aldrich도 『디지털시장의 지배』에서 이제는 마케팅 전략 수립방식에 코페르니쿠스적인 전환이 필요함을 다음과 같이 언급하고 있다.

"고객이 원하는 바를 제대로 예측한 회사가 사업에 성공했다. 그러나 어려운 결정을 해야 했던 사람들은 바로 제조업체들이었다. 그들이 만족시켜야 할 욕구는 무엇인가, 시장은 어떠한가, 제공할 제품과 종류는 무엇인가, 가격은 얼마로 결정해야 하는가 등등. 그런데 정보기술은 고객에게 전례가 없는 선택권을 제공함으로써 이러한 힘의 균형을 이동시켰다. 이제 회사는 더 이상 단일제품 개발전략이나 시장점유율을 따라잡기 위해 광범위한 조사에만 의지할 수 없게 되었다. 오늘날의 고객은 의사결정을 하며, 새로운 전문용어에 기초하여 의사결정을 한다. 그것은 바로 가치이다.”_디지털시장의 지배, 32쪽

앨드리치가 강조하는 것도 기존의 방법으로 조사와 분석, 4P 전략 등 시장을 더 많이 점유하기 위해서 몸싸움을 벌이는 방식으로는 변화에 대처할 수 없다는 얘기다. 첫째는 생산자와 소비자 간의 경계를 허물고, 둘째는 생산자가 주도하는 마케팅 전략이 아니라 소비자를 참여시키고 칼자루를 쥐어주는 쌍방향 방식으로 마케팅 모델을 바꾸어야 한다는 취지다. 이러한 담론들은 기존의 마케팅을 완전히 뒤집는 것이다.

이제 기존의 마케팅 지식은 퇴화되고 있다. 마케팅 학자들도 필립 코틀러를 뛰어넘어야 한다. 마케터들이 회의실에 모여 시장과 소비자를 분석하고, STP 전략을 협의하고 4P 전략을 브레인스토밍하던 방식으로는 컨버전스라는 지각 변동에 대응하기 어렵다.

울타리 안에 안주하지 말고, 경계선 안에 있는 경쟁사를 탓하지도 말고, 틀을 깨뜨리고 나가서 고객들과 유쾌하게 즐겨라. 연구실에만 안주하지 말고 청개구리처럼 이리저리 뛰어다녀야 성공할 수 있다. 고객들과 축제를 기획하고, 그들을 참여시켜 마케팅을 주도하게 만들어라. 경쟁사와도 싸우지 마라. 그들은 라이벌이 아니라 동

 마케팅 컨버전스

업자들이다.

영업회의 시간에도 숫자놀음 하지 마라. 시장점유율이 늘었느니 줄었느니, 전년 대비 성장률이 올랐느니 내렸느니 하는 것들이 당신 회사의 마케팅 전략에 무슨 통찰insight을 준단 말인가? 이제는 당신의 브랜드 가치에 초점을 맞추어야 한다.

컨버전스-겉으로 나타나는 현상의 이면에는 가치 이동, 가치 사슬의 해체와 재편이라는 무서운 혁명이 도사리고 있음을 명심해야 한다. 기존의 패러다임으로 접근해서는 문제를 풀 수 없다. 당신의 경계선을 허물고 사업의 정의도 다시 내려 보라. 경계선 너머에 블루오션이 있다.

핵심 포인트

컨버전스 마케팅이란 무조건 다기능 제품을 만들라거나 M&A나 사업다각화를 요구하는 것이 아니다. 경우에 따라서는 그렇게 해야 할 필요도 있지만, 그 본질은 오히려 반대다. 컨버전스 마케팅을 위해서는 많은 제휴와 네트워킹이 필요한데, 이를 위해서는 자신의 핵심 역량에 집중하면서 다른 기업들과 공생共生하는 전략을 구사해야 한다.

네트워킹
– 경쟁하지 말고 제휴하라

기존의 레드오션 논리를 가치 부가value added방식이라 한다면, 경쟁이 아니라 제휴와 네트워킹을 통해 고객에게 토털솔루션을 제공하는 방식을 가치 융합value converged방식이라 할 수 있다. 이것이 새로운 가치 방정식, 컨버전스 마케팅의 핵심이다.

경쟁 없이는 못 살아

어릴 적 누구나 한 번쯤은 '이 세상 사람들이 모두 사라지고 나 혼자 남으면 좋겠다'는 깜찍한 상상을 해본 적이 있을 것이다. 그렇게 되면 먹고싶은 것도 혼자서 마음껏 먹을 수 있고, 쓰고 싶은 물건도 마음대로 쓸 수 있고, 공부 안 해도 되고… 그러다 며칠 지나면 무료할 것이고… 시간이 더 흐르면? 어른이 되면 다 안다. 그렇게 살 수 없다는 것을.

세상의 이치가 그럴 것이다. 경쟁 없이는 살아남을 수도, 또 발전할 수도 없다. 그렇기 때문에 경쟁이란 때로는 유익하고, 서로를 발전시키는 촉진제가 된다.

마케팅에는 '혼자서는 절대 시장을 못 키운다'는 격언이 있다. 경쟁사가 없어졌으면 좋겠지만 그렇게 되면 전체 시장규모가 위축된다. 예를 들어, 만일 이동통신 사업을 SK텔레콤이 독점했다면 시장이 이렇게 커지지 않았을 것이고, SK텔레콤도 대기업으로 성장하지 못했을 것이다. 그뿐만이 아니다. 경쟁을 통해 기술도 발전하며, 통신요금도 낮아진다. 한국이 IT 강국으로 성장할 수 있었던 것도 이러한 경쟁이 있었기 때문이다.

경쟁은 이렇듯 꼭 필요한 것이다. 그런데 경쟁의 개념을 잘못 받아들여서 유쾌하게 경쟁하지 않고 독점하려는 유혹에 빠지는 기업은 오히려 미궁속에 빠져 버린다. 그 대표적인 사례가 일본의 소니 Sony였다.

 ## 소니의 실수

1970년대 소니의 기술력은 세계 최고였다. VTR 개발 경쟁이 불붙었을 때 가장 먼저 제품화에 성공한 회사는 소니였다. 지금은 시장에서 사라졌지만 베타 VTR이었다. 소니의 독주에 위기를 느낀 경쟁 가전업체들은 연합군을 형성했다. 그동안의 연구결과를 공유하고 공동으로 VTR 개발을 약속한 것이다. 그 결과 나온 것이 우리가 사용하고 있는 VHS 타입의 VTR이다.

그런데, 당시 VHS VTR의 품질은 베타 VTR에 못 미치는 수준이었다. 베타 VTR은 테이프의 폭이 작고 콤팩트하면서도 화질이나 정지 상태에서의 떨림 현상에 있어서 VHS 타입에 비해 뛰어났다. 외형이 슬림하면서 품질은 뛰어나고, 가격이 비싸지도 않았던 베타 VTR이 경쟁에서 탈락하고 사라진 원인은 무엇이었을까?

사람들이 테이프를 빌리러 갈 때 문제가 생겼다. 소니는 혼자서 베타 테이프를 공급하는데 연합군들은 힘을 합쳐 VHS 테이프를 공급했으니 베타 VTR을 가진 사람들은 볼 게 적었던 것이다.

주위 사람들과 바꿔보는 데도 불편함이 있었다. 우리나라에서도 당시 금성과 삼성은 VHS를, 대우는 베타를 라이센싱 했으니 상황이 비슷했다. 결국 소니는 병행 생산하다가 베타 VTR은 단종하기에 이르렀다.

 유쾌한 마케팅 달인은
지렛대 효과leverage effect를 이용한다

소니가 무엇을 잘못한 것일까? 라이벌들과 경쟁하여 좋은 제품을 생산해서 시장을 선점하고 시장점유율을 높이는 것은 마케팅의 기본원칙이 아닌가? 다른 회사들의 예를 생각해 보면 소니가 무엇을 실수했는지 드러난다.

한 회사는 미국의 퀄컴이다. 퀄컴은 CDMA 원천기술을 보유하고 있으면서 노키아, 삼성전자, 모토롤라 등 전 세계 휴대폰 제조사로부터 천문학적인 로열티 수익을 올리고 있다. 퀄컴은 표준standard만 장악하고 소스를 오픈함으로써 훨씬 큰 수익을 창출하고 있다. 재주는 누가 넘고 돈은 누가 번다는 식이다.

이것은 고단수의 마케팅 전략이다. 즉 경쟁의 패러다임을 바꾸면서 지렛대 효과를 누리고 있는 것이다. 이와 비슷한 회사가 또 하나 있다. 바로 인텔이다. 반도체 회사인 인텔은 CPU 부문에서 브랜드

인지도, 선호도, 충성도 등을 장악했다. PC를 사려는 사람들은 '인텔 인사이드Intel inside'인지 아닌지를 따진다.

그러나 인텔은 직접 컴퓨터를 제조해서 전 세계 컴퓨터 시장을 독점하겠다는 유혹에 빠지지 않는다. 오히려 컴퓨터 제조사들의 광고비를 지원하면서 '인텔 인사이드'의 브랜드 가치를 높이는 전략을 펼치고 있다.

소니의 실수는 여기에 있다. 소니가 VTR 시장을 독점하려는 경쟁 패러다임에서 벗어나서 소스를 오픈함으로써 표준을 장악하고, 다른 회사로부터 로열티를 받는 비즈니스 모델을 택했더라면 VTR 사업에서 엄청난 성공을 거두었을 것이다. 지렛대 효과를 활용하지 못하고 경쟁의 개념을 잘못 파악한 것이 소니의 실수였다.

 표준을 장악하라

표준standard을 장악한다는 것은 중요하다. 비즈니스의 패러다임이 매출과 시장점유율을 높이는 데서 누가 표준을 잡느냐로 이동하고 있다. 즉 게임의 법칙rule이 달라지고 있는 것이다.

현재 세계적인 기업으로 성장한 회사들을 떠올려 보라. 앞에서 예를 든 퀄컴이나 인텔, 컴퓨터 운영체제os를 장악한 마이크로 소프트, 또 검색엔진의 패러다임을 바꾼 구글, 이들의 공통점은 모두 표준을 장악했다는 점이다.

지금 세기의 표준 경쟁이 시작되었다. 스마트폰smart phone에 들어

■ 구글은 안드로이드의 소스 코드를 오픈하고 표준 경쟁에 뛰어 들었다

가는 '모바일 플랫폼을 누가 장악하느냐' 는 것이다. 후보에는 노키아의 심비안Symbian, RIM의 블랙베리BlackBerry, 애플의 OS X, 마이크로 소프트의 윈도우 모바일, 구글의 안드로이드Android 등이 있다.

전 세계적으로는 심비안이 앞서 있으나 애플이 아이폰을 발표하면서 세를 확장하고, 구글은 안드로이드의 소스 코드를 오픈하면서 결과 예측이 어려운 양상으로 번지고 있다.

한국에서는 그동안 '국내에서 출시되는 모든 휴대폰에는 WIPI를 탑재해야 한다' 는 의무 조항 때문에 스마트폰 경쟁에서 열외였다. 그러나 2009년 WIPI 탑재 의무화가 폐지되면서 본격적으로 경쟁에 뛰어들게 되었다.

애플 vs 구글

많은 사람들이 애플과 구글에 주목하고 있다. 스티브 잡스는 타고난 마케터다. 그가 애플에 복귀한 뒤 출시한 아이팟이나 아이폰은 기존시장에 엄청난 충격을 주면서 스티브 잡스 신드롬을 일으키고 있다.

그렇다면 아이팟과 아이폰의 성공 비결은 무엇이었을까? 흔히 디자인과 기능에 있다고 생각하지만, 결코 그렇지 않다. 하드웨어 측면에서 뛰어난 경쟁 제품들은 얼마든지 많다. 아이튠즈 스토어나 앱스토어가 뒷받침되지 않았다면 애플은 성공할 수 없었을 것이다.

스티브 잡스는 2001년 아이팟을 출시하기 전에 음반사들을 직접 설득해서 아이튠즈 스토어라는 온라인 음악유통 시스템을 구축해 놓았다. 2004년에는 팟캐스팅 온라인방송 시스템을 지원하면서 고객들을 개인방송 운영자로 참여시켰고, 아이튠즈 스토어에 음악뿐만 아니라 TV 드라마, 영화, 동영상 등을 추가, 2007년부터는 고객이 컨텐츠를 개발해서 직접 팔 수 있는 앱스토어Application Store를 개설하면서 아이폰 성공을 예약했다.

2010년에는 출판사, 언론사, 미디어 회사들과의 제휴 마케팅을 통해 아이북스토어i-bookstore를 만들어 아이패드라는 태블릿 PC로 거침없는 하이킥을 날리고 있다.

애플 르네상스의 비결은 컨텐츠 확보와 네트워킹에 있다. 즉, 아이튠즈 스토어, 앱스토어, 아이북스토어 등을 형성함으로써 자사 제품에서 사용할 수 있는 컨텐츠를 확보해 놓았고, 음반사나 영화

사, 방송국, 미디어회사, 또 개인들과의 쌍방향적 네트워크를 구축한 것이다. 소니는 하드웨어 경쟁에 집중하다보니 컨텐츠 열세로 베타 VTR을 포기해야 했지만, 애플은 그것을 반면교사로 삼은 셈이다.

애플이 추구하는 이익은 단순히 판매수량 곱하기 마진이 아니다. 그들이 노리는 것은 아이폰이나 아이패드를 통해 남들이 구축해 놓은 통신과 컨텐츠 유통의 길목을 잡음으로써 모바일 플랫폼의 업계 표준standard을 장악하겠다는 속셈이다. 거기에서 창출되는 가치가 하드웨어 기기를 파는 것보다 훨씬 크기 때문이다.

구글의 마케팅도 유쾌하다. 구글은 스마트폰을 생산하는 회사가 아니지만 안드로이드라는 모바일 플랫폼을 만들고 소스 코드를 오픈했다. 삼성과 LG 등도 국내에 안드로이드폰을 출시했다.

스마트폰을 생산하지도 않으면서 안드로이드를 개발한 이유가 무엇일까? 왜 애플의 앱스토어와 비슷한 안드로이드 마켓을 만들고 소스를 오픈해서 전 세계 사람들을 안드로이드 개발자로 참여시키는 것일까?

구글은 검색엔진의 표준을 장악함으로써 엄청난 성공을 거둔 경험을 가지고 있다. 검색엔진을 판매한 게 아니라 일반인들이 무료로 사용할 수 있도록 했는데, 거기서 파생되는 부가 상품으로 구글은 세계 최고의 기업으로 성장할 수 있었다.

구글이 안드로이드를 통해 노리고 있는 속셈이 바로 여기에 있다. 표준을 장악함으로써 파생되는 부가 가치는 상상을 초월한다.

애플과 구글의 공통점은 스마트폰을 기기device로 보는 것이 아니라 미디어media로 인식하고 있다는 점이다. 즉 미디어를 장악해야 부가 가치가 커지는 것이다. 이는 스마트폰을 기기로만 인식해서 경쟁사보다 퀄리티있게, 차별화되게 제조하겠다는 기업들의 생각과는 다른 것이다.

누가 스마트폰의 승자가 될까? 새로운 경쟁의 패러다임을 이해하는 자가 표준을 장악하게 될 것이다. 이것을 스마트폰과 같은 IT 분야만의 문제라고 생각한다면 이는 문제의 심각성을 이해하지 못하는 것이다. 제조업이나 서비스업 등 비즈니스 생태계 전반에 해당하는 것이다. 경쟁의 원리를 이해하고 새로운 게임의 법칙에 따라 마케팅 구조를 바꿔나가지 않으면 안 된다.

 경쟁이란 공생하는 것

경쟁의 유익함을 이해하지 못하고, 경쟁의 개념을 잘못 생각하면 절대로 마케팅에서 성공할 수 없다. 흔히 경쟁은 싸워서 승리를 쟁취하는 것으로 이해하지만 원래 의미는 다르다. 그 점을 스튜어트 웰스Stewart Wells는 『전략적 사고』에서 다음과 같이 명쾌하게 설명하고 있다.

"경쟁competing이란 단어의 어원은 '함께' 라는 의미의 com과 '추구하다' 의 의미인 petere의 합성어인 competere라는 라틴어로 '함께 생존하다' 라는 의미를 가진다. '유능한' competent과 '역량' competency도 어원이 같다. 이처럼 함께 추구한다는 의미의 경쟁이 우리가 서로를 배척하든 협조하든 현재에 와서는 새로운 일을 시작하고 보다 유능해지려는 무자비한 충동의 의미로 변하고 있는 것이 사실이다. 포지셔닝이라는 단어에 내포되어 있는 상대성의 개념은 경쟁에도 해당된다."_전략적 사고, 123쪽

이렇듯 경쟁의 어원은 '함께 추구하다', '함께 생존하다'는 뜻인데, 이것이 산업화 시대로 넘어오면서 충돌하고 다투는 개념으로 변질되었다는 설명이다.

'유능한'이라는 단어와 '역량'이라는 단어의 어원이 같다는 사실도 흥미롭다. 경쟁을 통해서 공존하고 상생할 줄 아는 능력을 가진 사람이 유능한 사람이고, 역량있는 사람이라는 의미다.

이제는 산업화 시대처럼 치열하게 싸우며, 나 살고 너 죽는 식의 경쟁 개념을 버려야 한다. 지식정보사회로 이행되면서 경쟁의 패러다임이 변하고 있다. 경쟁의 원래 개념으로 돌아가서 패러다임을 다시 정립하지 않고서는 비즈니스 생태계에서 일어나고 있는 지각변동을 견뎌낼 수 없다.

 ## 코카콜라의 경쟁사는 구글일 수도 있다 -無限경쟁

그렇다면, 경쟁에 대한 생각을 어떻게 바꿔야 할까?

첫째, 당신의 경쟁 상대가 누구인지 재정립해야 한다. 코카콜라의 경쟁사는 어디일까? 펩시콜라? 그렇게 생각한다면 근시안에 빠져 있는 상태다. 코카콜라는 1999년 연간리포트에서 '오랜 시간 지루

■ 코카콜라의 경쟁사는 어디일까?

했지만 편협하기 그지없었던 펩시와의 콜라전쟁에 종지부를 찍겠다'고 보고했다. 펩시가 더 이상 경쟁사가 아니라고 선언한 것이다. 왜? '매일 10억 개의 콜라를 판다고 해도 세계는 매일 470억 개의 다른 음료수를 소비하고' 있기 때문이다.

재미있는 일화가 있다. 미국에 한 쥐덫회사가 있었다. 좋은 기술력을 보유하고 있는 이 회사는 연구개발비를 많이 투자해서 완벽에 가까운 신제품을 개발하는데 성공했다.

견고하고 사용도 편리하고 가격도 더 저렴한 새로운 쥐덫을 출시하면서 대박의 꿈을 꾸었다. 그런데 이들이 예상했던 결과와 달리 쥐덫은 팔리지 않았고 회사가 매각되는 신세가 되어버렸다. 원인은 무엇이었을까?

그 사이 다른 경쟁사가 더 좋은 쥐덫을 개발했기 때문이었을까?

그것이 아니었다. 답은 엉뚱하게도 쥐약에 있었다. 자신들은 경쟁사라고 생각지도 않았던 한 제약회사에서 쥐약을 개발해낸 것이다. 당신이라면 쥐덫을 사겠는가, 쥐약을 사겠는가?

고객은 쥐덫이라는 제품hardware, 사물을 사는 것이 아니라 쥐가 내 눈에서 보이지 않는 솔루션software, 정보을 사는 것이다. 고객들은 언제든지 등을 돌릴 수 있다. 마찬가지로 당신 제품이 제공하고 있는 솔루션을 전혀 다른 업종에서 대안을 개발해 제공한다면 당신 회사는 존재 이유가 없어질 수도 있다는 사실을 깨달아야 한다. 브리태니커처럼.

또 한 가지 퀴즈를 생각해 보자. BC카드는 신용카드업이다. 그들의 라이벌은 다른 카드회사들이다. 그렇다면 SK텔레콤은 BC카드의 경쟁사인가, 아닌가?

몇 년 전까지는 아니었는데, 지금은 경쟁 관계가 되어버렸다. 모바일 결제가 되면서 식사 후 카드 결제 대신 휴대폰으로 결제한다. BC카드는 금융업이고, SK텔레콤은 통신업인데 이들이 경쟁 상대가 된 것이다.

여기서 그치지 않는다. 2010년 SK텔레콤은 하나카드 지분을 인수하면서 회사 이름을 하나SK카드로 바꿨다. 금융과 통신의 컨버전스를 통해 새로운 비즈니스 모델을 개발하겠다는 생각이다. 여기에 유통까지 융합되는 모바일카드도 만들었다.

이것이 바로 비즈니스 생태계에서 일어나고 있는 지각 변동의 실체다. 금융업과 통신업은 상관 관계가 약해 거리를 두었는데, 땅이 갈라지고 뒤섞이면서 경계선을 치고 들어오더니 경쟁 관계로 변해버렸다.

몇 년 전까지만 해도 금융업과 통신업이 경쟁 관계로 변하리라고 예측한 사람이 몇이나 되었을까? 앞으로 어느 업종이 새롭게 경쟁하리라고 쉽게 예측할 수 있을까?

이와 같이 내가 딛고 서 있는 땅의 근원적인 구조 변화를 이해하지 못하고 '요즘 날씨가 왜 이래', '요즘 경기가 안 좋아서'라며 남 탓으로 돌리는 기업들은 퇴출당하고 말 것이다. 이것이 컨버전스의 위력이다.

투자의 귀재 워런 버핏은 향후 은행의 경쟁사는 타은행이 아니라 마이크로 소프트가 될 것이라고 예측했다. 어떻게 MS처럼 소프트웨어 개발사가 은행의 경쟁 상대가 될 수 있을까? 그러나 요즘 일어나고 있는 화폐개혁을 이해한다면 고개를 끄덕일 것이다.

화폐의 개념, 형태, 발행 및 유통이 달라지고 있다. 전에는 송금을 하려면 은행에 가서 처리했는데 요즘은 숫자만 누르면 상대방 구좌로 입금된다. 화폐가 디지털화되고 있다. 또 과거에는 한국은행만 화폐를 발행했지만 요즘은 일반회사들도 화폐를 발행한다. 도토리나 포인트로 쇼핑할 수 있지 않은가?

마이크로 소프트가 금융과 관련된 소프트웨어를 개발해서 보급한다면 은행들은 존재 기반을 빼앗기게 될 것이다. 그렇다면 마이크로 소프트가 가장 경계하는 대상은 누구일까? 구글이다.

구글이 인터넷의 문법을 바꾸어 놓을 만한 파워를 갖게 된다면 윈도우와 각종 소프트웨어들을 무용지물로 만들어버릴 수도 있다. 마이크로 소프트가 야후를 인수하려던 의도도 구글에 대항하기 위해서다.

이젠 누가 누구의 경쟁 상대인지 규정 짓기가 쉽지 않다. 펩시콜라는 코카콜라의 존재 이유를 허물어버릴 위협자가 더 이상 아니다. 오히려 함께 콜라시장을 키워가면서 시장구도를 유지해갈 동업자이다. 펩시도 더 이상 코카콜라와 콜라전쟁을 하지 않겠다고 선언했다.

펩시는 1998년 최고의 주스 브랜드인 트로피카나를, 2001년에는 게토레이로 유명한 퀘이커 오츠를 인수하면서 종합음료 회사로 변신했다. 그러면서 2005년 펩시는 코카콜라를 역전했다. 가까운 미래에는 구글이 코카콜라의 존재 기반을 흔드는 경쟁사로 돌변할 수도 있다.

기존의 가치 사슬이 붕괴되고 재편되는 컨버전스가 일어나면서 업종에 관계없이 경쟁 관계가 얽히면서 무한無限경쟁이 시작되고 있다. 이런 상황에서 우리는 경쟁을 좁은 시야로 정의 내려서는 안 된다. 비즈니스 생태계의 전반적인 변화를 통찰하고 사업의 정체성도 다시 정립해야 한다.

 ## 경쟁은 없다 ─ 無경쟁

둘째, 이제는 경쟁이라는 관념 자체에서 벗어나야 한다. 다음의 신문기사를 읽어보면 산업화 시대의 비즈니스 프레임 자체가 달라지고 있다는 사실을 깨닫게 된다.

"인텔과 삼성은 세계 1,2위 반도체 기업답게 복잡한 관계를 맺고 있다. 플래시메모리와 모바일 CPU 등 특정 제품에서는 뜨겁게 경쟁을 펼치는 경쟁사지만, 디지털 홈 분야에서는 서로 세계 표준을 만들어 가는 협력자이다. 또 인텔은 삼성 D램을, 삼성은 인텔 CPU를 사들이는 메이저 고객이자 공급업체로 얽혀있다. … 인텔과 삼성은 또 자본을 섞은 혈맹관계이기도 하다."_매경, 2005.4.11

삼성과 인텔은 분명 반도체 부문에서 1,2위를 다투는 경쟁 관계에 있지만, 그들의 관계는 기존 경쟁사들의 형태가 아니다. 협업자이자, 구매자이면서 공급자이고, 또 서로 투자자로 피를 섞은 복잡한 관계라는 것이다. 컨버전스가 일어나면서 이들을 어떤 관계라고 한마디로 정의하기가 헷갈리게 되었다.

앞으로 이런 현상들은 모든 분야에서 나타날 것이다. 누가 생산자이고 소비자이며, 누가 적군이고 아군인지의 구분 자체가 무의미해져 버릴 것이다. 이 점을 C. K. 프라할라드 교수는 통찰력 있게 지적하고 있다.

"(새로운) 시스템 내에서 소비자, 경쟁자, 공급자, 협력자, 투자자 등 각자의 역할이 정해지고, 그 역할로 고정된다기보다는 각자의 역할은 임시적이어서 상황의 변화에 따라 바뀌게 된다. 우리가 새로운 가치의 공동 창출의 영역으로 나아감에 따라, 우리는 기업=경쟁자=파트너=협력자=투자자=소비자라는 방정식을 만들 수 있을 것이다. 가치의 공통분모는 공동 가치 창출 경험이다."_경쟁의 미래, 207쪽 컨버전스가 일어나면서 기존의 경제시스템가치 사슬이 붕괴되고 새로운 시스템으로 변해가는데, 그 특징은 산업화 시대의 생산자, 소비자, 유통업자, 경쟁자 등이 구분되지 않는다는 것이다. 그것이 삼성과 인텔의 관계에서 드러나고 있다.

이제 업종 구분이 모호해지고 경계선도 허물어지면서 경쟁이라는 개념이 사라지고 있다. 모든 회사가 경쟁이 된다는 의미에서는 무한경쟁이고, 또 어느 회사도 경쟁사라고 말할 수 없다는 점에서는 무無경쟁이 되어 가는 것이다.

그러므로 새로운 시대의 마케터들의 머릿속에서 경쟁이라는 용어 자체를 없애버려야 한다. 서로 땅을 더 차지하겠다고 싸우는 마케팅 전쟁 패러다임에 머물러 있는 기업은 지각 변동을 견뎌내지 못하고 흔적도 없이 사라질 공산이 크기 때문이다.

 ## 경쟁이 아니라 제휴와 네트워킹

앞으로는 경쟁이 아니라 제휴와 네트워킹networking이다. 즉 다른 기업이나 개인들과 제휴관계를 맺고 지속적으로 비즈니스를 주고받을 수 있는 새로운 가치 사슬을 만들어야 한다는 얘기다. 그것은 업종과 무관한 것이다.

중학생에게 인터넷 강의를 제공하는 회사들의 경우를 예로 들어 생각해 보자. 엠베스트, 수박씨, 에듀클럽, 1318 등의 회사들은 중학생 시장을 놓고 회원을 모으기 위해 경쟁을 벌인다. 좋은 강의를 제공하기 위해 유명 강사들을 유치하고 좋은 조건의 가격을 제공하고, 판촉행사를 하기도 한다.

이것은 레드오션의 논리다. 지금까지의 마케팅 방식이 다 이랬다. 품질을 높이고 광고와 판촉을 잘하고 영업력 있게 푸쉬push함으로써 시장점유율을 높이는 전쟁을 벌였던 것이다. 이렇게 하면 원가는 높아지는데 경쟁사의 가격할인에 대항하기 위해 가격은 낮춰야 하고, 고객이 까다로워지면서 요구하는 서비스는 많아지니 영업비용이 상승하고 수익성은 떨어진다. 이러한 악순환은 전형적인 레드오션의 모습이다.

기존의 마케팅 책에서 가르쳐 주었던 논리를 따르다가는 레드오션에 침몰하게 될 것이다. 경쟁이라는 개념을 벗어나야 블루오션을 발견할 수 있다. 중학생 고객들은 왜 인터넷 강의를 들으려 할까? 시간을 마음대로 활용할 수 있어서? 학원이나 개인지도보다 강의품질은 좋은데 저렴해서? 이는 근시안적 사고에 머물러 있는 것이다.

쥐덫회사의 사례에서 언급했듯이, 고객은 인터넷 강의라는 상품 자체를 구매하는 것이 아니라 공부 잘하는 자신의 모습, 또는 입시에 성공해 있는 미래의 자신을 구매하는 것이다. 인터넷 강의 외에도 공부를 잘하기 위한 솔루션의 대안들은 얼마든지 많다. 또 자신의 성공적인 미래를 위해서 구매해야 할 것들도 부지기수다.

"우리 사이트의 강사는 끝내줍니다", "우리 강의를 들은 학생들이 특목고에 몇 명 진학했습니다", "우리는 경쟁 사이트에 비해 이런저런 서비스도 제공합니다" 등의 메시지에 고객들은 감동은커녕 눈길도 주지 않는다.

이제는 고객이 기대하는 핵심 가치를 충족시켜주기 위한 토털솔루션total solution을 함께 제공해 주어야 한다.

경쟁이 아니라 제휴와 네트워킹으로 시각을 바꾸면 새로운 마케팅 모델을 가능하게 한다. 고객인 중학생의 공부를 토털케어total care 하기 위해서는 자사의 인터넷 강의 상품뿐만 아니라 다른 학습정보 들도 제공해 주어야 한다.

고객의 상황과 실력을 진단하고 평가도 해주어야 하고, 학습상담도 필요하다. 또 그 학생이 다니는 학원과 연계한다든지 학습 코치 들과의 제휴도 모색해볼 수 있다. 학교와의 연계도 고려해야 한다. 공교육과 사교육을 대립적인 구도로 생각할 것이 아니라 공생할 수 있는 마케팅 아이디어를 생각해 본다면 블루오션을 발견할 수 있을 것이다.

병원과 헬스센터는 관련이 없을까? 관련이 있다. 교육과 엔터테인먼트가 융합된 에듀테인먼트edutainment라는 신조어가 유행인 것을 고려한다면 그들과의 네트워킹도 반드시 필요하다. 여행사 등과의 제휴를 통해 체험학습도 기획할 수 있고, 심리연구소와의 네트워킹을 통해 캠프나 워크숍 등도 진행할 수 있다.

그 뿐만이 아니다. IT 기술의 발달로 학습도구가 진화하고 있다. 메가스터디는 당시 대부분의 교육 회사들이 오프라인 강의에만 신경쓰고 있을 때 인터넷을 활용함으로써 성공한 사례다. 이제 모바일, IPTV 등은 또 다른 기회의 땅이 되어가고 있다. 향후 교육 회사의 경쟁은 SK, KT, LG 등 통신 회사가 될 수도 있다.

모든 것을 인터넷 교육 회사 혼자서는 할 수 없다. 그들은 자사의 핵심 역량에 집중하면서 다른 전문가집단이나 회사들과의 제휴와 네트워킹을 통하여 고객들에게 공부와 관련된 융합 솔루션converged solution을 제공하는 방식으로 마케팅이 달라져야 하는 것이다.

이러한 방식은 고객에게 토털솔루션을 제공한다는 고객 만족도 측면에서 우위를 얻을 수 있을 뿐만 아니라 수익도 기존의 마케팅 방식에서 얻는 것보다 훨씬 크다.

기존의 레드오션 논리를 가치 부가value added방식이라 한다면, 경쟁이 아니라 제휴와 네트워킹을 통해 고객에게 토털솔루션을 제공하는 방식을 가치 융합value converged방식이라 할 수 있다. 이것이 새로운 가치 방정식, 컨버전스 마케팅의 핵심이다.

 ## 좀도둑 vs 큰 도적

마케터들이여, 이젠 경쟁의 스트레스를 던져 버려라. 경쟁은 시장을 함께 키우고, 대외 협상력을 강화하고, 상호 혁신과 기술의 진화를 가져옴으로써 서로가 윈윈할 수 있도록 만드는 긍정적인 시장기제인 것이다. 경쟁은 유쾌한 것이다.

고객들은 시장점유율의 증감에는 관심조차 없다. 그 수치는 참고사항일 뿐이다. 이제는 고객가치customer value에 모든 초점을 맞추어야 한다. 즉, 고객이 얼마나 당신의 브랜드에 가치를 느끼고 있는가가 미래의 시장 리더십을 결정할 것이기 때문이다.

경쟁사와 싸우지 말고 제휴를 맺어라. 그리고 경쟁사와 고객, 모두가 어울려서 즐겨라. 그렇게 비즈니스 생태계 전반을 볼 수 있는 넓은 시야를 가져야 한다.

'장자 거협胠篋' 편에 큰 도적 이야기가 나온다.

"상자를 열고, 주머니를 뒤지고, 궤를 여는 도둑을 막기 위하여 사람들은 끈으로 단단히 묶고 자물쇠를 채운다. 그러나 '큰 도적'은 궤를 훔칠 때 통째로 둘러매고 가거나 주머니째 들고 가면서 끈이나 자물쇠가 튼튼하지 않을까 걱정한다."

큰 생각을 가지고 있는 '큰 도적'이 되어야 한다. 예전처럼 경쟁해서 매출을 늘리고 시장점유율을 높이겠다는 발상은 좀도둑의 생각이다. 우리 기업들도 이젠 '큰 도적'의 꿈을 꿀 때가 되었다.

핵심 포인트 ••••••••••••••••••••••••••••

기존의 가치 사슬이 붕괴되고 재편되는 컨버전스가 일어나면서 업종에 관계없이 무한無限경쟁이 시작되고 있다. 이런 상황에서 우리는 경쟁을 좁은 시야로 정의 내려서는 안 된다. 비즈니스 생태계의 전반적인 변화를 통찰하고 사업의 정체성도 재정립해야 한다.
기존의 레드오션 논리를 가치 부가value added방식이라 한다면, 경쟁이 아니라 제휴와 네트워킹을 통해 고객에게 토털솔루션을 제공하는 방식을 가치 융합value converged방식이라 할 수 있다. 이것이 새로운 가치 방정식, 컨버전스 마케팅의 핵심이다.

스토리텔링 storytelling
– 소금장수는 소금을 팔지 않는다

단순히 상품만 팔지 마라. 열혈장사꾼은 상품을 파는 게 아니라 성품을 판다. 소금장수는 소금을 팔지 않는다. 그들은 문화를 만들고, 새로운 경험을 제공하고, 이야기를 판다. 여기에 우리 기업들이 역량을 집중해야 한다.

이야기|story의 역사

TV도 없고 인터넷도 없던 시절 사람들은 무슨 재미로 살았을까? 오래 전 얘기 같지만 불과 50년 전 상황이다. 우리나라에 TV 방송이 시작된 것은 60년 대였고, 컬러 TV는 80년 초반이었다.

소설책이나 잡지 등을 읽었을까? 인쇄술과 운송업의 발달로 신문이나 잡지가 만들어지고, 책이 대량으로 출판될 수 있었던 것도 100~200년 전일 뿐이다. 우리는 흔히 옛날 소설의 저자가 누구이고, 저작 년도가 언제라는 얘기를 하지만 그것은 현재의 시각에서 보는 착각이다.

예를 들어, 춘향전의 오리지널은 없다. 저자 아무개가 어느 출판사에서 몇 년 몇 월 몇 일 초판을 인쇄한 것이 아니기 때문이다. 춘향전은 민간에 떠다니는 설화가 구전되면서 각색되고 변형되는 과정에서 소설의 형태로 만들어진 것이다.

대량인쇄가 가능하지 않았던 시절, 필사하는 과정에서 왜곡이 있었을 것이고, 옮겨 적는 사람이 창의성을 발휘해서 새로운 요소를 집어넣었을 수도 있다. 그러므로 춘향전의 판본과 스토리는 수 백, 수 천 가지가 존재할 수밖에 없다. 그리고 결말이 우리가 알고 있는 스토리와 전혀 다른 것도 있다. 그러나, 그것도 춘향전이다.

문자나 종이가 발명되기 이전에는 모든 스토리들이 입에서 입으로 구전口傳되었다. 고대문학을 구비문학이라고 부르는 것은 구전되거나 비석, 돌 등에 그려서 전승되었기 때문이다고대 문자도 그림에서 출발했다. 예를 들어, 한자의 山은 산봉우리가 3개 있는 형상이다.

이렇듯 인류 문화의 뿌리는 이야기에서 찾을 수 있다. 이야기 속에는 세계가 들어있고 사람들의 심리와 무의식이 투영되어 있다. 즉 이야기에서 문화의 원형archetype을 발견할 수 있는 것이다.

시간이 흐르면서 문명을 발달시키고 문화를 형성하게 만든 원동력은 무엇이었을까? 나는 그것을 이야기라고 생각한다. 어린아이들이 할머니 무릎을 베고 옛날 이야기를 해 달라고 조르는 것이나, TV 드라마 보면서 훌쩍이는 것도 이야기라는 문화 DNA가 우리 몸 속에 흐르고 있기 때문이다.

 ## 소금장수는 이야기꾼

TV나 인터넷이 없던 그 시절에는 스토리텔러storyteller, 즉 이야기

꾼이 가장 인기있는 사람이었을 것이다. 누가 이야기꾼의 역할을 담당했을까? 그들은 이 동네 저 동네를 다니면서 장사를 하던 장사꾼이었을 것이다. 전해지는 노래나 민담 등에 많이 등장하는 소금장수가 그들이다.

생활 필수품인 소금을 팔러 다니던 소금장수는 단순히 소금을 파는 영업사원이 아니었다. 팔도를 다니다보니 견문이 넓어질 수밖에 없었을 것이고, 아는 것도 많아 선망의 대상이었을 것이다.

소금장수는 여기저기를 다니면서 뉴스를 전해주는 메신저messenger였고, 귀신이나 도깨비가 등장하는 얘기를 만들거나 재미있고 호기심을 일으키는 요소를 가미하는 창작가creator였다. 또한 사람들을 모아놓고 이야기 보따리를 풀어놓는 유쾌한 엔터테이너entertainer이기도 했다. 그들의 얘기를 들은 할머니가 손자를 무릎에 누이고 재미있게 각색해 가면서 스토리를 전달했던 것이다.

신화, 민담, 설화, 전설 등으로 불리는 서사敍事, narrative문학은 이렇게 시작됐다. 서사란 문자 그대로 사실이나 사건을 서술한다는 의미다. 그런데 여기서 고려해야 할 것은 지금은 문학, 음악, 무용 등을 분리하지만 당시에는 그런 구분이 없었다는 점이다.

스토리텔러가 얘기를 노래 식으로 할 수도 있고, 재미를 더하기 위해서 오락적인 요소나 춤을 곁들일 수도 있다. 또 여기에는 종교 의식도 가미될 수 있다. 얘기가 구전되면 무엇이 사실fact인지 또 무엇이 허구fiction인지도 분간하기 어렵게 된다.

역사, 문학, 음악, 미술, 무용, 종교, 오락 등은 원래 한몸에서 나온 것인데, 이것이 근대 서구 문명으로 넘어오면서 경계선이 생기고 분리divergence된다. 즉 문자로 표현된 것은 문학이라는 장르로 분류되면서 신화나 설화 등은 소설로 진화되고, 각각 연극, 음악, 엔터테인먼트 등으로 발전하게 되는 것이다.

이것이 스토리의 역사다. 즉 하나의 원형에서 출발한 것이 서구 문명에 와서 경계가 생기고 나누어지는 디버전스 현상이 나타나면서 문화나 예술의 각 장르로 분리된다. 그런데 서구 산업 문명의 패러다임이 쇠퇴의 길을 걸으면서 경계선이 무너지고, 다시 융합되는 컨버전스가 일어나는 것이 변화의 실체다.

 ## 이야기의 힘

소금장수의 유전자를 갖고 있는 유쾌한 마케팅의 고수들은 스토리를 자신들의 브랜드에 융합하는 전략을 구사해 왔다.

서구 산업 문명이 그 이전에 비해 엄청난 부를 창출할 수 있었던 것은 단지 산업혁명 때문만이 아니었다. 그들은 하드웨어에 소프트웨어를 융합시킴으로써 가치를 극대화할 줄 아는 노하우를 가지고 있었다.

셰익스피어와 같은 걸쭉한 이야기꾼이나 베토벤이나 모차르트와 같은 예술가가 없었더라면 서구 문명은 세계의 중심에 서지 못했을 것이다. 그들은 스토리를 상품화하고, 가치를 부여할 줄 아는 노하우를 가지고 있었던 것이다.

그런 점에서 유럽의 나라들은 아직도 조상 덕을 보고 있는 셈이

■ 로마의 트레비 분수는 이야기가 융합된 좋은 사례다

다. 전 세계 관광객들이 유럽 곳곳에 숨어있는 이야기를 찾아서 여전히 순례의 길을 떠나고 있다. 예를 들어, 로마의 트레비 분수는 다른 분수들과 하드웨어에서는 큰 차이가 없다. 그런 정도의 분수는 유럽에 가면 수도 없이 많다. 그러나 동전을 분수에 던지면 소원이 이루어진다는 영화의 이야기가 융합되니 관광객들이 수도 없이 와서 동전을 집어넣고 가는 것이다. 숙박, 식음료, 쇼핑 등 관광에서 파생되는 산업효과는 실로 엄청나다.

파리의 루브르 박물관은 관람객 수입, 해외 전시, 출판, 기타 수입으로 약 70억 유로를 벌어들이고 있다. 박물관 하나가 엄청난 가치를 만들어내는 것이다. 그러나 그 뿐만이 아니다. 루브르 박물관은 아랍에미레이트연합UAE의 수도 아부다비에 분관 건립을 허용하면서 30년간 루브르라는 이름을 빌려주는 대가로 4억 유로5500억 원의 로열티를 받는데다가 작품 임대료, 컨설팅 비용으로 총 1조 3천억 원을 벌어들이게 됐다. 여기에 건설비 등의 파생 수익까지 합치면 액수는 훨씬 더 커진다.

모나리자, 비너스 등이 순례자를 모이게 하는 것은 단지 예술성 때문만이 아니다. 하드웨어적으로 비슷한 작품들은 얼마든지 있다. 작품과 관련된 역사나 에피소드 등 이야기가 융합되면서 작품의 가치를 높이는 것이다.

영화 '아바타'는 30억 달러의 수입을 올렸다고 한다. 흥행의 비결은 사람들에게 새로운 경험experience을 제공한 데 있다. 창의성과 상상력의 힘이 커다란 가치를 만들어내고 있는 셈이다. 문화, 이야기의 힘은 이렇게 대단하다.

 ## 이야기의 가치

이제 산업 사회에서 지식정보 사회로 이행되면서 가치가 하드웨어에서 소프트웨어로 이동하고 있다. 즉 산업 사회에서는 가치를 창출하는 원천이 자본, 기계, 노동 등의 하드웨어였지만 이제는 그러한 생산요소들이 연출해낼 수 있는 가치는 점점 별 볼 일없는 수준으로 하락하고 있다. 반면 지식, 이야기, 창의성 등이 창출하는 가치가 추월해 가고 있다.

조선일보는 2008년 초 "'이야기'가 세계 경제를 바꾼다"라는 아주 의미있는 기획기사를 연재했다. "세계의 부가 이야기 산업 중심으로 재편되고 있다"면서 그 증거로 재미있는 수치를 제시하고 있다.

"'해리포터'의 작가 조앤 롤링이 세계 최고의 부자인 빌 게이츠 미국 마이크로 소프트 회장보다 더 많은 돈을 벌고 있다. … 최근 6년간 재산증가율은 게이츠가 6.25%, 롤링이 141%였다. 2003년 빌 게이츠는 주식배당금으로 450억 원을 벌었지만, 조앤 롤링은 해리포터 시리즈의 저작권만으로 1000억 원을 벌었다."_2008.1.1

이야기를 중심으로 한 지식기반 비즈니스 모델로 전환한 기업들의 실적이 일취월장하고 있다. 월트 디즈니사는 놀이공원인 디즈니랜드에서 벌어들이는 수입보다 영화나 애니메이션 등 이야기산업의 수입이 더 크다. 즉 지식기반 산업으로 업그레이드하면서 그 비중을 높여왔던 것이다. 그 결과로 나타난 수치를 이렇게 전하고 있다.

"2006년 디즈니의 매출은 총 353억 달러로, 세계 1위 반도체 기업 인텔(315억 달러)을 추월했다. … 마이크로 소프트의 최근 4년간 순이익 증가율은 18%였지만, 월트 디즈니 순익은 같은 기간 41.4% 늘었다."_조선, 2008.1.1

중앙 선데이도 공학, 경영, 예술을 창의적으로 융합convergence함으로써 문화기술CT; Culture Technology의 메카로 이름을 떨치고 있는 카네기멜론 대학으로 디즈니, 픽사, MS 등의 기업들이 몰려가고 있다고 전하고 있다.

"이 대학이 명성을 얻고 있는 분야 중에 하나가 바로 문화기술이다.

그 중심에는 과학기술계와 문화예술계 연구자가 한 팀이 돼 게임, 애니메이션, 음악, 출판 같은 문화콘텐츠를 생산해내는 엔터테인먼트 기술센터, ETCEntertainment Technology Center가 있다. 1998년 설립된 독특한 형태의 교육연구 기관이다. … 기업은 자신의 아이디어로 만들어낼 수 없는 창의적인 결과물을 이 센터에 요구한다. 이 중 의뢰기업에 엄청난 부를 안겨준 '대박' 성과물이 적지 않다."_2008.1.13

이야기로 가치가 이동하고 있다. 이러한 패러다임의 이동을 이해하지 못하는 기업은 몰락할 수밖에 없다. 원재료를 구입해서 거기에 기술과 노동을 부가해 다음 단계로 넘김으로써 마진부가 가치을 얻는 것이 비즈니스 불변의 법칙이라는 사고방식에서 벗어나지 못하는 기업들의 미래는 단언컨대, 없다. 그들은 점점 낮아지는 부가 가치를 견디지 못하다가 레드오션에서 침몰해 갈 것이다.

 이야기가 만드는 새로운 가치 사슬

이야기는 가치 사슬value chain도 바꾸는 힘이 있다. 예를 들어, '가을연가' 의 일본 히트로 욘사마 열풍이 가져오는 직·간접 경제효과가 수 조원에 이른다. 음반 판매, 관광, 여행 수입은 물론이고 잠실롯데 면세점에는 배용준 숍도 생겼다.

남대문이나 이태원 등에서도 욘사마 효과를 톡톡히 봤다. KOREA의 브랜드 가치가 올라가면서 일본 내에서 한국 상품의 매출이 오르니 욘사마의 파급효과는 우리 경제의 활력소가 될 수 있는 것이다.

욘사마를 중심으로 하는 이러한 가치 사슬의 형성은 패러다임이 이동하고 있다는 것을 보여주고 있다. 산업화 시대의 가치 사슬은 원재료 구매 — 생산 — 유통 — 판매의 형태였다. 예를 들어, 건설회사를 중심으로 하는 건설업의 가치 사슬은 설계 회사, 설비·전기 시공 회사나 인테리어 회사, 분양 대행사, 또 주위 식당 등으로 고용 파급효과를 미치면서 우리 경제의 성장동력 역할을 담당해 왔다. 그런데 욘사마형 가치 사슬은 산업화 시대의 가치 사슬과는 패러다임도, 그 형태도 다른 것이다. 직접적인 관계가 전혀 없는 분야까지 파급효과를 끼칠 뿐만 아니라, 여기서 창출되는 가치는 상상을 뛰어넘을 정도로 엄청난 것이다.

산업화 사회에서 지식정보 사회로 이행되면서 제조나 수출 등의 사물형 가치 사슬이 만들어내는 부가 가치는 점차 하락하는 반면, 욘사마 등의 정보형 가치 사슬에서 융합되는 가치는 핵이 융합될 때 나오는 에너지처럼 폭발력을 가지게 되었다.

이렇듯 이야기는 경제 구조를 바꾸면서 새로운 시스템을 창출할 수 있다. 한류 열풍, 욘사마나 김연아 등의 호재를 놓쳐서는 안 된다. 이러한 호재를 비즈니스로 연결할 수 있는 노하우를 학습해야 한다.

이제는 비즈니스의 문법文法이 달라지고, 새로운 가치 방정식이 등장하고 있다. 상품을 생산production해서 판매sales하는 하드웨어형 비즈모델에서 이야기 등의 지식요소를 상품에 융합하는 소프트웨어형 비즈모델로 전환되어야 한다. 다시 말하면 상품을 '생산' 하는 방식이 아니라 상품에 컨텐츠나 이야기를 '융합' 하는 새로운 비즈니스 문법을 익혀야 하는 것이다.

 **1차원적 이야기 마케팅**

그렇다면 상품에 이야기를 융합하는 문법이란 어떤 것일까?

앞에서 언급했듯이 이야기의 원형은 신화myth다. 인쇄나 통신 수단이 발달하지 않았을 때 신화나 민담, 전설, 설화 등은 사람을 통해 구전되면서 맥을 이어왔다. 마찬가지로 이야기가 제품에 융합되는 초기의 형태는 신화나 전설 수준이었다.

예를 들어, '어디에 가면 의사가 있는데 그렇게 용하데', '어느 음식점 맛이 얼마나 좋은지 둘이 먹다가 하나가 죽어도 모른데 글쎄', '누구누구가 어느 지하수를 먹고 병이 나았데' 등등. 이런 이야기는 사람들의 입을 타고 전파되었다. 그러면 그 제품은 유명세를 탄다.

프랑스의 에비앙이 그런 사례다. 프랑스 혁명 중 알프스의 에비앙이라는 마을에 신장결석을 앓고 있던 어느 후작이 주민들의 권유로 이 지방의 지하수를 꾸준히 마셨는데 병이 깨끗이 나았다는 것이다. 이 이야기는 전승되는 과정에서 부풀려지기도 하고 왜곡되기도 했을 것이다. 원래 말이란 옮기다보면 그렇지 않은가?

지포 라이터는 베트남 전쟁 때 총알을 막아주었다는 일화를 계속 우려먹는다. 그 사람이 살 수 있었던 원인이 라이터 때문이었는지 다른 데 있었는지 확인할 길이 없지만 그렇게 전해지고 있다. 지포는 라이터의 차원을 넘어 부적 수준이 되었다.

지금도 이런 신화나 전설이 존재한다. 기업이나 기업가들의 성공

스토리가 책이나 드라마로 만들어지면서 미화된다. 소비자들은 그런 이야기를 들으면 감동하고 위인전을 읽을 때 느끼던 감정을 갖기도 한다.

신화들은 대개가 비슷한 구조를 가지고 있다. 영웅신화를 예를 들어 보면 탄생 자체가 신비롭다. 태몽이 범상치 않다. 어릴 적에는 꼭 고난과 박해가 따른다. 구사일생으로 구출되어 먼 길을 피신했다가 때를 만나 금의환향한다. 갖은 고생 끝에 성공을 이루어내고 일반인들과는 다른 죽음을 맞이한다. 영웅이 죽을 때는 대자연이 이상 징후를 보이기도 한다.

기업은 브랜드에 신화적인 요소를 가미하려고 노력한다. 픽션을 만들어내기도 하고 리얼리티를 높이기 위해 고객들의 '간증'을 찾아 나서기도 한다. 그것을 통해 브랜드 아우라aura를 형성함으로써 브랜드 가치를 높이려는 것이다.

 ## 2차원 이야기 마케팅

그러나 기업들의 스토리텔링 수준은 신화 단계를 넘어 점점 진화하기 시작했다. 이것은 마치 서사문학에 있어서 신화가 소설로 발전되어 온 것과 같은 맥락이라고 할 수 있다. 사람들이 신화나 전설 등에서 재미와 감동을 느끼지 못하면 시대정신에 따라 진화하는 것은 당연한 귀결이다. 신화의 스토리 구조가 천편일률적이고 단순하다면 소설은 다양하고 리얼리티가 있다.

그런데 소설의 발달을 살펴보면 초기 소설들과 현대소설은 차이가 있다. 초기 소설들의 특징은 좋은 편, 나쁜 편으로 나누는 이분법적 구조를 가지고 있다는 점과 결말이 해피엔딩이거나 권선징악이라는 점이다.

작가스토리텔러가 말하고자 하는 교훈을 등장인물의 입을 빌려 설교조로 웅변한다. 즉 물과 기름이 섞이지 못하고 따로 노는 식으로 작가가 말하려는 바가 이야기에 스며들지 못하는 것이다. 흔히 신파극이라고 얘기하는 것들이 이런 구조를 가지고 있다.

산업화 시대 초기 대부분의 이야기들이 신화나 전설 수준이었다면 산업화 시대가 진전되어 오면서 제품에 융합되는 이야기도 초기 소설의 수준으로 업그레이드되기 시작했다. 신화나 전설처럼 무언가 아우라를 형성하면서 '했다더라' 는 수준이 아니라 실제적인 근거를 제시하면서 '이렇습니다' 하고 말하기 시작한 것이다.

커뮤니케이션 수단이 발달하면서 기업들은 광고를 통해 그런 이야기들을 전달했다. USPUnique Selling Proposition 전략 등이 그것이다. 광고에서 자사 제품의 효과를 실험이나 증언testimonial을 통해 보여주면서 리얼리티를 입증해 보이는 것이다.

포지셔닝 전략도 이런 맥락에서 이해할 수 있다. 70년대 미국 에이비스AVIS 렌터카의 "We are No.2" 캠페인은 포지셔닝 전략의 전형적 사례로 유명하다. 당시 허츠Hertz에 밀려 만년 2등이었던 에이비스는 '우리는 2등' 이라는 솔직하고 리얼리티 있는 이야기로 고객들의 공감을 얻었다. 즉 2등이기 때문에 1등인 허츠를 따라잡기 위해서 더 노력하고 더 좋은 서비스를 제공하고 있다는 얘기를 한 것이다.

이 캠페인은 대단한 반향을 일으켰는데, 'No.2 렌터카' 라는 새로

운 주소의 방을 독점하면서 에이비스를 고객의 머릿속에 포지셔닝
시키는데 성공할 수 있었다.

그러나 이런 이야기들은 초기 소설의 구조와 크게 다르지 않다.
'우리 잘 났어요', '우리제품은 차별화돼요' 하면서 고객들에게 구
매를 강요해 왔던 것이다. 고객들은 이제 그런 류의 일방적인 설교
조 이야기에 식상해져 가고 있다. 또 경쟁제품 간의 성능과 품질의
차이가 비슷비슷해지면서 그런 이야기에서 느끼는 감동의 강도도
약해지고 있는 것이다.

고객들의 감정과 정신의 변화를 느낀 기업들은 대응전략을 구상
했다. 그것은 브랜드를 기호화하는, 즉 이미지image를 연출하는 전
략이다. 설교나 웅변식보다는 강력한 기호를 만들어서 브랜드 이미
지를 각인시키는 것이다.

코카콜라는 산타클로스라는 가상의 인물을 만들어 스토리텔링을
시작했다. 그리스 신화에 나오는 승리의 여신 니케NIKE를 브랜드명
으로 시작한 나이키는 니케의 날개와 승리의 표시인 V자를 형상화
한 스워시 마크를 로고로 사용하고, 성공 스포츠 스타들의 스토리
를 융합하면서 강력한 브랜드 이미지를 창출할 수 있었다. 이렇듯
이미지 전략을 채택한 기업들은 광고나 프로모션에 캐릭터나 형상
물 등을 통한 이미지 메이킹을 하면서 점프업할 수 있었다.

3차원으로의 업그레이드

그러나 이미지 전략도 점차 한계에 부딪히고 있다. 사람들은 리얼리티가 살아있는 '내my' 이야기를 원하기 때문이다. 왜 화장품 광고에는 꼭 예쁜 여자만 나와야 하는가? 전에는 몸매 좋은 멋진 모델을 보면서 '나도 저렇게 될 수 있지 않을까' 하는 환상을 가질 수 있었지만 고객들의 사용경험이 많아지고 제품에 대한 지식이 생겨나면서 리얼리티가 결여되었음을 깨닫게 되었다.

리얼리티가 결여되고 결과가 뻔한 옛날 소설을 읽으면서 사람들이 감동을 느끼지 못하는 것과 같은 이치다. 스토리에는 시대정신이 담겨있기 마련인데, 그때와 지금은 패러다임이 다르다.

그런 점에서 P&G사의 롱런 상품인 도브Dove의 'real beauty' 캠페인은 탁월한 이야기꾼의 기질을 보여준 사례다. 도브는 유명모델을 캐스팅하는 기존의 전략 대신 많은 일반인들의 자발적인 참여를 유도했다. 동네에서 흔히 만날 수 있는 옆집 아줌마들이 모델로 참여하고 그들의 이야기를 사실적으로 그려낸 것이다. 나와 거리가 먼 예쁜 모델이 아니라 '내' 이야기가 보이니 고객들의 호응은 뜨거울 수밖에 없었다.

이제 기업들이 관심을 갖고 투자해야 할 것은 이야기 만들기다. 나는 우리 기업들의 취약한 부문이 바로 스토리텔링이라고 생각한다. 지금까지 제품의 품질을 높이고 세일즈 기법들을 도입하면서 열심히, 경쟁사와 몸싸움을 벌여 매출을 늘리고 시장점유율을 확보하는 데에만 익숙해져 있지, 이야기라는 소프트웨어를 만들고 그것을 상품에 융합하는 능력이 부족했다.

경영환경이 달라지고 있다. 고객의 생각과 감정이 달라지고 시장 구조가 근원적인 변화를 보이고 있다. 인터넷과 유비쿼터스 인프라, 특히 스마트 미디어의 발달로 생산자로부터 소비자에게로의 힘의 이동power shift이 일어나면서 과거 기업은 생산하고 고객은 소비하는 공식도 깨지고 있으며, 기업으로부터 고객에게로 일방향적이고 불공평한 거래관계에도 고객들은 불편함을 느끼기 시작했다.

기업이 높은(?) 자리에서 내려와야 한다. 또 레지스 메케나의 지적처럼 '방송식 사고방식'도 버려야 한다. 그것들은 기업이 정보를 독점하고 파워를 가졌던 산업화 시대의 패러다임이다. 이제는 고객의 참여를 유도하고 쌍방향적으로 대화할 수 있는 유쾌한 이야기 시스템을 구축하지 않으면 안 된다.

또 기업들은 제품이나 서비스를 생산하는 업체라는 자기 정체성도 바꿔야 한다. 고객들은 제품이나 서비스 등의 하드웨어를 구매하는 것이 아니다. 그들이 사는 것은 자신들의 새로운 삶일 뿐이다. 감동이 있고 유쾌한 삶의 이야기를 원하고 있다는 점을 자각하고 이야기꾼으로 변신해야 한다.

 ## 가을전어 이야기

그렇다면 이야기의 소재는 어떻게 구할 수 있을까? 주위를 둘러보면 이야기의 소재는 다양하다. KTX를 타고 분주하게 가는 저 사람들은 어떤 인생 스토리를 안고 있을까? 지하철의 옆자리에 앉아

있는 사람은 어디로 왜 가고 있는 것일까? 외딴 섬에서 홀로 살아가는 할아버지 할머니는 어떤 인생을 살아오셨을까? 지리산의 산신령은 여자라는데 그 지방에서 전해지는 이야기에는 어떤 삶이 투영되어 있는 것일까?

남들이 못 보는 것을 볼 줄 아는 통찰력과 상상력이 있으면 이야기의 소재는 얼마든지 발굴할 수 있다. 그러고는 그 이야기를 상품에 스며들도록 하는 것이다.

가을하면 어떤 생선이 떠오르는가? 대개는 전어를 꼽는다. 집 나간 며느리도 돌아오게 만든다는 말이 재미도 있고 뭔가 생각나게 만드는 묘미가 있어서다.

전어는 귀하지도, 또 맛이 뛰어난 생선도 아니라고 한다. 전어의 한자 표기는 '箭魚'인데, 지금은 먹는 사람이 돈 나가는 줄도 모르고 먹는다고 해서 돈 '전錢' 자로 쓰일 만큼 비싼 생선이 되었다. 특히 가을이 되면 더 맛있어져 가을전어는 비싼 편이다.

가을전어가 귀한 음식이 된 사연은 이렇다. 전어는 수심이 얕은 연안에서 살다가 여름에 먼 바다로 나갔다가 가을이면 알을 낳기 위해 다시 돌아온다고 한다. 그래서 알을 품은 전어는 기름기가 많아 그것을 굽는 냄새가 집나간 며느리도 돌아오게 할만큼 식욕을 자극한다는 것이다. 얼마나 맛있길래 살기 싫다고 나가버린 며느리도 돌아오게 할 정도냐는 호기심과 흥미를 유발하면서 가을전어는 인기상품이 되었다.

비단 전어만 그렇겠는가. 다른 어류도 스토리를 만들 수 있을 것이다. 그러나 삶의 애환과 풍류의 스토리를 전어에 융합convergence

하니 명품 브랜드가 되고 축제의 주인공이 될 수 있었던 것이다. 이 것이 브랜드 스토리brand story의 위력이다.

이제 점점 고객들은 좋은 품질, 좋은 가격에서 큰 가치의 차이를 느끼지 못한다. 이성적인 구매에서 감성적인 구매 패턴으로 변화하고 있는 것이다.

맘껏 상상력을 발휘해 보라. 그 소재는 역사나 민담, 전설이나 인물에서 얼마든지 찾을 수 있다. 브랜드 스토리를 만들고 그것을 상품과 융합하는 마케팅 문법을 익혀야 한다. 그것이 떠나간 고객들을 다시 돌아오게 하는 비법이다.

 ## 이야기를 상품에 융합하는 문법

당신 회사의 업종이 무엇이든 상관없다. 이야기를 끄집어내고 그 것을 상품에 융합시키는 문법을 공부해야 한다. 만일 식품 회사라면 드라마 대장금에서 힌트를 얻어라. 음식에 역사와 인생이라는 재료를 잘 섞어서 맛깔스러운 이야기로 만든 좋은 사례다. 첨단기술과 관련된 업종이라면 '마이너리티 리포트Minority Report'를 써보라. 스포츠 관련 회사라면 각본없는 드라마를 연출해 보라.

앞으로는 연구개발 부서 내에 이야기팀을 만들어야 한다. 이야기 꾼을 채용하든지, 제휴 계약을 맺고 이야기를 공급받아야 한다. 더 좋은 방법은 UCC 등을 활용하여 고객의 참여를 끌어내는 것이다. 이것은 많은 돈을 들이지 않고 큰 효과를 볼 수 있는 방법이다.

하드웨어에서 소프트웨어로, 상품에서 이야기로의 가치 이동을 감지해야 한다. 과거에는 기업들이 9시 뉴스데스크로, 신문 1면의 광고로 몰려갔지만, 앞으로는 영화나 드라마로, 공연 등의 문화컨텐츠로, 스포츠 등으로 이야기라는 금맥을 찾아 골드러쉬 행렬을 이룰 것이다. 그 원인은 이야기로 가치가 이동하고 있기 때문이다.

비즈니스의 패러다임을 전환해야 한다. 산업화 초기 기업들은 좋은 품질의 상품을 만드는데 주력했다. 정보통신 수단이 발달되지 않았을 당시에는 그 정도만으로도 신화의 주인공이 될 수 있었고, 전설적인 브랜드로 등극할 수 있었다. 그러다가 매스 커뮤니케이션이 발달하면서 광고 등을 통해 USP나 차별화점을 만들고, 이미지 메이킹하는데 마케팅 노력을 기울이는 대응을 해왔다.

그러나 스마트 미디어 시대의 유비쿼터스 환경으로 변하면서 그와 같은 마케팅 모델들은 낡은 담론이 되어가고 있다. 이제는 이미지가 아니라 이야기story를 만들고, 세일즈맨이 아니라 스토리텔러가 되어야 한다.

단순히 상품만 팔지 마라. 열혈장사꾼은 상품을 파는 게 아니라 성품을 판다. 소금장수는 소금을 팔지 않는다. 그들은 문화를 만들고, 새로운 경험을 제공하고, 이야기를 판다. 여기에 우리 기업들이 역량을 집중해야 한다.

지금 우리 기업들이 전성기를 구가하고, 한국이 IT 강국이라 하지만 그 명성을 이어갈 수 있을지 회의적인 생각이 든다. 지금의 전성기는 하드웨어에서 나오는 것일 뿐 소프트웨어나 컨텐츠에 있어서 뒤쳐져 있기 때문이다. 21세기 지식시대에는 컨텐츠나 소프트웨어,

시스템 등 문화의 종속이 더 무서운 것이다.

　마케터들이여, 상품을 파는 장사꾼이 되지 말고 유쾌한 소금장수가 돼라. 그래야 우리 후손들에게서 우리도 조상 덕 좀 보고 산다는 말을 들을 수 있게 될 것이다.

핵심 포인트

서구 산업 문명이 엄청난 부를 창출할 수 있었던 것은 산업혁명 때문만이 아니었다. 그들은 하드웨어에 소프트웨어를 융합시킴으로써 가치를 극대화할 줄 아는 노하우를 가지고 있었다.

이제는 비즈니스의 문법文法이 달라지고, 새로운 가치 방정식이 등장하고 있다. 상품을 생산production해서 판매sales하는 하드웨어형 비즈모델에서 이야기 등의 지식요소를 상품에 융합하는 소프트웨어형 비즈모델로 전환되어야 한다. 다시 말하면 상품을 '생산'하는 방식이 아니라 상품에 컨텐츠나 이야기를 '융합'하는 새로운 비즈니스 문법을 익혀야 하는 것이다.

스마트 미디어 시대의 유비쿼터스 환경으로 변하면서 이미지가 아니라 이야기story를 만들고, 세일즈맨이 아니라 스토리텔러가 되어야 한다.

마케팅 루덴스
– 고객을 즐기게 하라, 새 시장이 열릴지니

호이징거의 주장대로 새로운 문화와 학문, 비즈니스 등은 인간의 본능인 놀이로부터 나올 것이다. 그러므로 우리 경제의 신성장동력은 놀이에서 찾아야 한다. 놀이가 가치를 창출하는 것이다.

잘 한다! 토고미 마을!

토고미는 외국의 마을 이름이 아니다. 강원도 화천군, 휴전선 아래쪽에 위치한 자그마한 농촌이다. 인구 수도 그리 많지 않고, 대대로 농사를 일구던 즉, 주 수익 모델이 쌀농사였던 작은 마을이었다.

그런데 이 마을의 이장이 아주 유쾌한 아이디어를 냈다. 도시민을 대상으로 가족 회원을 모집하자는 것이었다. 입회비를 정하고, 인터넷을 통해 회원을 모집하기 시작했다. 회원들이 낸 회비로 새끼오리를 사서 논에 풀어놓으면 오리쌀 농법이 된다. 회원들에게는 추수 후 오리쌀을 조금씩 보내준다.

여기서 끝나는 것이 아니다. 회원들이 가족을 데리고 와서 농촌체험 프로그램에 참여한다. 오리입식 대회, 소달구지 타기, 새끼 꼬

■ 토고미 마을의 논두렁 재즈 페스티벌

기, 가마니 치기, 떡 만들기, 두부 만들기, 장 담그기, 허수아비 만들기, 염소 젖짜기, 나물 캐기, 물고기 잡기, 코뚜레 만들기 등 도시인들로서는 매우 색다른 체험을 하는 것이다. 또 이 마을에 토고미 자연학교도 개설했다.

그 뿐만이 아니다. 한여름 밤에는 논두렁 재즈 페스티벌도 열었다. 재즈 뮤지션, 유치원생 어린이 합창단, 국악 동호 회원들이 모여 함께 음악을 즐긴 것이다. 참으로 토고미 마을의 창의성은 유쾌하다.

토고미가 부자 마을이 된 것은 당연한 결과다. 기업도 고객과 함께 토고미 마을로 달려간다. 토고미 마을과 제휴를 맺고 각종 축제를 기획하며 함께 즐기는 것이다. 삼성전기는 자매결연도 맺었다. 강원일보가 다음과 같이 보도했다.

■ 창의성을 발휘해 새로운 가치로 탄생한 토고미 마을의 비즈니스 모델

"화천군 상서면 신대리 토고미 마을이 24일 삼성전기 임직원들과 마을주민이 참석한 가운데 '삼성의 날' 행사를 갖는다. 이날 행사는 삼성전기 가족 150명과 주민 100명 등 250명이 참석해 우렁이를 방사해 우렁이 농법을 체험하고 팜스테이를 하며 야생화 화분 만들기, 물고기잡기 등 다양한 농촌체험을 한다.

친환경 농법으로 유명한 토고미 마을은 2002년부터 삼성전기와 자매결연을 맺었다. 토고미 마을은 삼성전기와 결연 이후 유기농 농산물의 안정적인 판로 획득 및 농촌 관광 프로그램의 인지도 상승, 매년 1만여 명이 방문하는 국내 대표적 농촌 관광 마을로 변신했다."_강원일보, 2008.5.24

토고미 마을의 비즈니스 모델은 쌀농사를 지어서 농협 등의 유통 채널을 통한 판매로 수익을 얻는 것이었다. 즉 그것은 사물의 경제

 마케팅 컨버전스

논리이고, 하드웨어형 사업 모델이다. 그런데 커뮤니티, 문화, 놀이, 체험 등의 정보적 요소software를 융합하니 유쾌해질 뿐만 아니라 수익도 점프업될 수 있었던 것이다.

토고미 마을은 정보의 경제 논리, 소프트웨어형 사업 모델로 전환함으로써 성공을 거둔 좋은 본보기다. 이것은 다른 용어로 자본資本 기반 비즈니스에서 지식知識기반 비즈니스로의 전환이라고도 표현할 수 있는데, 그렇게 되려면 '놀이'라는 요소를 추가해야 한다.

 호모 루덴스가 새로운 가치를 만든다

네덜란드의 역사학자 요한 호이징거는 인류문화의 원형을 놀이에서 발견하면서 인간의 속성을 '호모 루덴스homo ludens, 유희하는 인간'라고 명명했다. 인간은 놀이를 좋아하며, 인간의 본능인 놀이로부터 문화나 학문 등이 시작됐다는 것이다.

실제로 인간은 놀 때 가장 창의적이다. 어린아이들이 노는 것을 보면 과히 천재들이다. 놀이를 만들어내고 기상천외한 방법으로 문제를 해결하는 것을 볼 수 있다. 노는 때가 본능에 가장 충실한 시간이기 때문이다.

그런데 지금까지는 노는 것을 금기시 해왔다. 베짱이처럼 노는 것은 게으르고 악한 것이며, 개미처럼 열심히 일하는 것은 선한 것이라는 이분적 사고방식에 익숙해져 있는 것이다. 그러나 이것은 산업화 시대의 사상일 뿐이다. 리처드 던킨은 '피, 땀, 눈물'에서 인류 노동의 역사를 개괄하면서 노동과 놀이가 구분된 것은 산업화 시대의 산물임을 말하고 있다. 피와 땀과 눈물은 축복이자 재앙이기도 했던 산업혁명의 언어라는 얘기다.

이제 서구 중심의 산업 문명이 뚜렷하게 쇠락의 징조를 보이고 있다. 새로운 문명이 도래하고 있는 것이다. 호이징거의 주장대로 새로운 문화와 학문, 비즈니스 등은 인간의 본능인 놀이로부터 나올 것이다. 그러므로 우리 경제의 신성장동력은 놀이에서 찾아야 한다. 놀이가 가치를 창출하는 것이다.

일과 놀이의 경계선이 무너지는 컨버전스 현상이 일어나고 있다. 이런 상황에서는 시장과 소비자를 분석하고, 타깃을 정하고, 기획하는 것이 마케터들의 역할이라는 생각에도 수정이 가해져야 한다. 이제 더 중요하고, 더 큰 가치를 창출할 수 있는 마케팅 방법은 고객과 함께 놀이를 기획하는 것이다.

 여자를 놀게 하라, 새 시장이 열릴지니

이는 리복Reebok과 태양의 서커스Cirque du Soleil가 공동으로 마케팅한 '주카리 핏투플라이Jukari fit-to-fly' 라는 일종의 공중그네 비슷한 운동 프로그램을 소개한 신문기사의 헤드라인이다. '섹스 앤 더 시티'에 나와서 더 유명해졌던 주카리는 운동과 재미를 결합시킨 피트니스 센터의 상품이다.

사람들이 피트니스를 위해서 런닝머신 위에서 뛰고 운동기구를 드는 것은 사실은 재미없다. 의무감(?) 때문에 하는 경우가 더 많다. 주카리는 서커스에서 볼 수 있었던 공중그네의 원리를 피트니스에

적용해서 자신이 서커스의 주인공이 되는 재미와 스릴을 느끼면서
저절로 운동효과가 나도록 고안한 것이다.

주카리 프로그램을 기획한 리복의 CEO 율리 베커는 인터뷰에서
"재미를 추가해야 살아남는 시대가 되었다"고 말했다. 재미fun와 감
성feel이 마케팅의 중요한 요소로 자리잡아가고 있다는 얘기다. 산업
시대에는 고객들이 제품이라는 사물하드웨어의 퀄리티에서 만족을 느
꼈지만, 산업시대의 수명이 다해가면서 고객이 추구하는 가치가 정
신적인 면으로 이동하고 있다.

명품 마케팅이나 웰빙 바람도 단순히 소비의 고급화 정도로 이해
해서는 안 된다. 그 본질은 지식정보 시대로 이행하면서 사람들이
느끼는 가치의 포인트가 사물로부터 정보로 옮겨가는 데 있다.

매슬로우도 지적했듯이 인간의 욕구는 업그레이드된다. 정신적인
면으로 업그레이드되면서 이제 사람들은 자아를 실현하려는 것이
다. 기업들이 제품을 사물로만 보는 '공장 안 시각' 에서 시야를 확
대해서 제품에 재미나 감성, 문화, 라이프스타일 등의 정보적 요소
들을 융합시켜가야 한다.

이것이 사물하드웨어의 경제 논리와 정보소프트웨어의 경제 논리 차이
다. 루덴스 마케팅은 사물의 경제 논리에 젖어있는 마케터에게 불
편할 수 있는 이론이다. 즉 제품을 하드웨어로만 인식하다보니 고
객과 노는 것 자체가 또 하나의 제품이라는 생각을 갖기 어려운 것
이다.

 ## 핵심 제품이 위닝샷winning shot이다

사물의 경제 논리에서 보면 제품은 공장 안에서 만드는 하드웨어일 뿐이다. 필립 코틀러는 '제품의 3단계 모델'three levels of product을 정리하면서 이러한 차원의 제품을 유형의 제품tangible product이라고 명명했다. 만질 수 있는, 보이는 제품이라는 의미다. 기능, 스타일, 포장, 상표명 등이 유형의 제품에 속하는 요소들이다.

코틀러는 유형의 제품 이외에 또 다른 제품이 있음을 얘기했다. 우리가 자동차를 살 때 단순히 네 바퀴 달린 물체만을 사는 것이 아니다. 애프터 서비스도 필요하고, 번호판을 달아주는 서비스도 있다. 또 금융결제 서비스도 필요하다. 코틀러는 그것을 부가적 제품 augmented product이라고 불렀다. 부가적 제품은 공장 밖에서 만들어지는 것이다.

코틀러가 말한 나머지 한 가지는 핵심 제품core product이다. 핵심 제품이란 고객이 그 제품을 사면서 추구하는 핵심 가치를 말한다. 자동차를 구입하는 고객은 단지 출퇴근용으로 사용하려는 것이 아니다. 운송의 필요성 때문이라면 차종에 크게 상관없다. 그러나 여러 대안들 중에서 고르는 이유는 어느 것이 자신이 원하는 핵심 가치와 가장 부합하는가를 따지기 때문이다.

예를 들어, 여행을 좋아하는 사람은 SUV 차량을 사면서 많은 경험과 도전이라는 핵심 가치를 생각할 것이다. 고급 세단을 원하는 고객은 커뮤니티 욕구 때문에 많은 돈을 지불하면서 그 차를 구입할 수도 있다. 이러한 핵심 가치를 충족시켜주는 것이 핵심 제품의 개념이다. 명품의 비결이 바로 핵심 제품에 숨어 있다.

고객과 축제를 벌이는 것은, 그렇게 함으로써 꼭 필요한 핵심 제품이 되는 것이다. 자동차 회사가 골프대회나 콘서트, 와인투어 등에 고객을 참여시키는 이유도 여기에 있다. 또 여행에 대한 정보를 제공하고, 새로운 라이프스타일을 끊임없이 제안할 필요도 있다. 그것이 자동차에 있어서 가장 핵심적인 제품이기 때문이다.

2010년 도요타의 리콜 사태가 불거지면서 '마케팅 측면만 강조하다보니 품질경영을 소홀히 한 것이 아닌가' 라는 반론을 제기할 수도 있을 것이다. 그러나 본질적인 원인은 품질경영에 있지 않다.

공장 안에서 만들어지는 품질은 완벽할 수 없다. 이제 자동차 산업은 네 바퀴 달린 자동차를 제조하는 패러다임이 아니다. 공간을 만들고 문화와 라이프스타일을 만드는 산업이므로 IT기기나 다른 생산요소들과의 컨버전스가 일어날 수밖에 없는 것이다.

융합되는 생산과정에서 결함이 생길 수 있는데, 도요타의 문제는 기존 패러다임을 벗지 못하고 생산 시스템을 업그레이드하지 못한 데에 있다. 그들의 문제는 오히려 마케팅 지향적이지 못한 생산지향적인 사고방식, 그리고 오픈마인드와 소통의 부족, 즉 유쾌하게 부서 간, 업무 간의 경계를 허물지 못하는 근시안에 있었다.

스타벅스는 아예 자신들의 판매 제품은 커피가 아니라고 못박는다. 고객들이 스타벅스 매장을 찾는 것은 단지 카페라떼나 카푸치노를 마시기 위해서가 아니다. 따라서 그들에게 스타벅스에서만 느낄 수 있는 경험을 제공하겠다는 생각이다. 그것을 슐츠 회장은 'Starbucks Experience' 라고 불렀다. 실제로 스타벅스의 신제품개발 팀에는 커피를 연구하는 것보다 디자인이나 라이프스타일을 연

■ **스타벅스의 핵심 가치** Starbucks Experience

구하는 인력이 더 많다.

이제 유형의 제품과 부가적 제품의 품질이 비슷비슷해지면서 그 정도로는 고객들이 가치 차이를 느끼지 못한다. 이길 수 있는 결정적인 승부수winning shot는 핵심 제품에서 찾을 수 있다. 핵심 제품을 기획하려면 정보의 경제 논리에 익숙해지지 않으면 안 된다.

 ## 총각네 야채가게에는 매일 쇼가 벌어진다

핵심 제품을 파악하고 그것을 마케팅 모델에 스며들게 함으로써 성공을 거둔 또 하나의 사례로 '총각네 야채가게'를 들 수 있다. 농협 매장이나 대형할인점들이 늘어나고, 고객쏠림현상이 확연한 쇼핑추세에서 동네에 야채가게를 연다는 것은 계란으로 바위 치기였

을 것이다.

그런 악조건에서 총각네 야채가게가 성공할 수 있었던 비결은 마케팅 루덴스였다. 놀이라는 요소를 판매에 융합시킨 것이다. 총각네 야채가게에 가면 재미fun가 있다. 푯말에 써있는 말들이 웃음을 자아내게 한다.

"이문세가 젤 좋아하는 채소 – 당근, 오메 징하게 맵네 – 청양고추" 등등. 어떤 날은 "사장총각 맞선 기념 대박세일" 문구도 붙어 있다.

직원들은 싱싱한 에너지를 내뿜는다. 가게 안은 재래시장에 온 것처럼 유쾌함이 넘치고 판매 직원들은 고객들과 재미있는 쇼를 벌인다. 대학에서 레크리에이션을 전공했다는 이영석 사장은 고객을 응대하는 방식에서 자신의 끼를 유감없이 발휘한다.

'장사로 부자가 되려면 고객과 함께 놀아라' 라는 제목의 컬럼 일부를 살펴보자.

"서울의 강남 대치동 은마아파트 근처에 처음 문을 연 '총각네 야채가게'는 지금도 인기가 좋지만 당시에는 신선한 충격이었다. 재래시장을 통째로 옮겨 놓은 듯한 분위기, 그 속에서 신명나는 '한판 쇼'를 벌이는 젊은이들의 모습은 큰 화제를 불러모았다.

현재 '총각네 야채가게'는 8개의 공동 브랜드점에서 80여 명의 총각 직원들이 일하고 있다. 평당 연 평균 매출액이 30억 원 이상으로 대한민국 최고 수준이다. 비결이 없을 리 없다.

총각네 야채가게는 그날 들여온 물건을 그날 모두 판다. 재고가 없다.

직원은 손님의 특징과 요구를 일일이 기억하고 가족처럼 친근하게 다가선다. 저녁 6시 장사가 끝난 뒤에는 마케팅 관련 토론도 벌인다. 전문가들이 말하는 경영의 핵심 요소들이 고스란히 실천되고 있는 셈이다.

이곳에서는 통념을 벗어나는 일들이 많이 벌어진다. 일개 야채가게가 문을 열기도 전에 고객들이 길게 줄을 서는 모습부터 신기하다. 직원들의 4대 보험 가입은 기본이고, 자기가 가고 싶은 나라로 해외 연수를 다녀온다. 대기업 직원들이 이 가게의 노하우를 배우러 오기도 한다.

한국에 '총각네 야채가게'가 있다면, 미국 시애틀에는 파이크플레이스 어시장이 있다.

"연어 한 마리 미네소타로 날아갑니다."

반대편에서 던진 생선을 카운터의 상인이 잡는다. 시장은 늘 폭소로 가득하다. 고객도 상인도 즐거워한다. 'Hi! I'm A Monk Fish'안녕하세요! 저는 아귀랍니다라고 쓰여진 이색적인 푯말 등 어시장에는 웃음을 자아내는 요소가 넘친다.

일찍 문을 닫고 마케팅 워크숍을 갖는 파이크플레이스 시장 상인들의 모습도 '총각네 야채가게'와 비슷하다. 이곳의 고객들은 생선을 구입하러 오지만 어쩌면 상인들의 친근한 모습과 친절함을 구매하는지도 모른다.

'총각네 야채가게'와 파이크플레이스 어시장의 사례는 한 가지 중요한 시사점을 지닌다. 고객들과 함께 호흡하고 어울리는 곳은 반드시 인정받고 성공한다는 점이다. _문승렬, 주간한국 2008.5.13

야채가게에서 유형의 제품은 싱싱한 과일과 야채다. 또 부가적 제품은 친절하고 좋은 서비스다. 그러나 그 정도로는 농협 매장이나 대형할인점에 비해 경쟁력을 갖기 어렵다. 야채나 과일을 사면서 원하는 고객의 핵심 가치는 웰빙이다. 음식을 먹는 본원적인 이유가 건강, 웰빙, 즐거움 아니겠는가? 단지 싱싱한 과일이나 야채를 파는 것이 아니라 싱싱한 젊음과 유쾌함을 팔았던 것이 이들의 성공 비결이었다.

발견의 기쁨, 뜻밖의 놀라움, 예상 밖의 만족, 꿈같은 경험

유쾌한 마케팅 루덴스 이야기들이 곳곳에서 늘어나고 있다. 닭이 하늘을 난다는 얘기를 들어 보았는가? 나도 처음 들었다. 몇 년 전 TV를 보는데 하늘을 나는 닭이 있다는 것이다. '이게 무슨 말인가' 궁금해서 바짝 다가앉았다. 태국 방콕의 한 닭고기 전문 레스토랑 메뉴판에 '하늘을 나는 닭'이라는 메뉴가 있는 것이다.

그런데 진짜 하늘을 나는 닭을 잡아서 요리한 것이 아니라, 바베큐한 닭요리가 주방에서 나오면, 식당 중앙에 조그마한 무대가 있는데 무대 한쪽에서 그것을 던져서 반대편에서 외발 자전거를 탄 소년이 꼬챙이 모자로 받거나 입에 꼬챙이를 물고 받기도 했다. 그러고 나서 주문한 고객에게 서빙하는데, 그것이 하늘을 나는 닭이라는 것이다.

아이디어가 참 재미있다는 생각이 들었다. 우리가 레스토랑에서 식사를 하는 것은 단지 맛있는 음식만 먹으려는 것은 아니다. 새로운 경험도 하고, 이야깃거리도 만들고, 동행한 사람들과 즐겁게 대화를 나누며 시간을 보내려는 것이다. 방콕의 이 레스토랑이 핵심 제품을 간파한 것이다.

인도 타지호텔의 빅슨 사장이 한국에 왔을 때 통찰력 있는 말을 던졌다. 보통 호텔은 고급스럽게 인테리어하고, 고객의 편안한 휴식에 경영의 초점을 맞추는데, 타지호텔은 고급스러움을 추구하지만 자신들의 개념은 다르다는 것이다. 그가 이런 얘기를 했다.

"럭셔리는 그저 편함이 아니라 발견의 기쁨, 뜻밖의 놀라움, 예상 밖의 만족, 꿈같은 경험 등 다양한 요소의 조합이다."

타지호텔이 고객에게 팔려는 상품은 고급스러운 하드웨어가 아니라는 얘기다. 고객들이 발견의 기쁨을 느낄 수 있도록 배려하고, 미처 생각지 못했던 꿈같은 경험을 선사함으로써 놀라움과 만족을 주는 것이 자신들의 핵심 제품이라는 말을 하고 있는 것이다.

이것이 마케팅 루덴스의 요체다. 단지 제품을 파는 것이 아니라 새로움novelty, 체험experience, 재미fun, 감성feel, 문화culture, 교육education 등을 함께 제공함으로써 고객과의 공동 경험을 만들어 가는 것이다. 고객과의 공동 경험이 브랜드 가치를 높여갈 수 있다.

 ## 고객과 나만이 아는 비밀을 만들어라

고객과의 공동 경험은 매우 중요한 마케팅 요소다. 어느 금융회사에서 신선한 프로그램을 선보였다. 고객 자녀들을 대상으로 진로탐

색캠프를 연 것이다. 아이들은 자신의 미래에 대해 생각해 보고, 자신의 적성이 어떤 직업에 맞는지도 탐색해 보고, 워크숍 활동 등을 통해서 색다른 체험을 했는데, 고객들의 반응이 뜨거웠다.

그런데 이 캠프의 마지막 시간에 감동의 장면이 연출된다. 캠프가 끝나갈 때쯤 예고없이 부모들이 방문하는 것이다. 그들은 선물을 준비하고, 편지를 읽어준 다음 자녀들을 꼭 껴안아 준다. 아이들은 마지막에 소감을 한 마디씩 발표한다. 울음바다가 되고, 아이들이 달라진다.

회사 직원들 역시 이 프로그램에 참여한다. 자신이 담당하는 고객의 자녀에게 선물과 편지를 주고, 고객인 부모와 그 자녀들과 함께 잊지 못할 추억을 만드는 것이다. 이 느낌은 그들 사이에서만 공유되며, 서로의 눈길만으로도 끈끈한 관계가 형성된다. 고객들은 이 회사에 대해 좋은 이미지를 갖게 되고 홍보대사가 되어줄 것이다. 이러한 관계가 곧 브랜드 가치다. 프라할라드 교수도 『경쟁의 미래』에서 똑같은 말을 하고 있다.

"한때, 브랜드는 광고와 다른 커뮤니케이션을 통해서 만들어질 수 있었다. 그러나 더 이상은 아니다. 이제 브랜드는 경험과 함께 진보한다. … 미래에는 기업들은 기업 중심의 브랜드 연출에서 벗어나 소비자 커뮤니티와 협력하여 개인 중심의 공동 가치 창출 경험을 통해 브랜드를 구축해야만 할 것이다. … 결국, 공동 가치 창출 경험이 브랜드이다."_경쟁의 미래, 205-206쪽

이제는 고객과 함께 공동 경험을 만드는 것이 브랜드 가치를 높이

는 방법이다. 고객과 나만이 공유하는 가치를 만들고, 서로가 알고 있는 비밀을 지속하라. 공모자보다 더 끈끈한 관계는 없다.

 춤추는 필리핀 교도소

어떤 필리핀 교도소의 얘기가 'W'라는 TV 프로그램에 소개된 적이 있다. 수빅 지역에 있는 이 교도소에 소장이 새로 부임하면서 한 가지 아이디어를 냈다. 그것은 죄수들을 매일 운동장에 모이게 한 후 마이클 잭슨의 노래에 맞춰 춤을 추게 하는 것이었다.

처음에는 시큰둥하던 죄수들이 점차 춤추는 재미를 붙이게 되었고, 실력도 수준급이 되었다. 가끔 가족을 초청해서 변모한 모습을 보여주면서 서로가 마음을 열게 되니 교도소의 분위기도 변화됐다.

마이클 잭슨의 '스릴러'나 '빌리진' 등의 인기곡을 배경으로 죄수들이 집단으로 춤추는 모습을 동영상에 담아 유튜브에 올렸는데, 조회수가 폭주하면서 유명해졌다. 급기야 CNN에서 취재하게 되었고 우리나라에도 소개됐다.

교도소의 경영목표objective는 무엇일까? 어떤 교도소가 좋은 교도소일까? 죄수들이 교화되고 재범률이 낮은 교도소일 것이다. 그런 목표를 달성하는 수단에는 어떤 것이 있을까? 흔히 정신교육을 열심히 시키고 엄격한 규율 하에서 죄수들의 생활태도를 바꾸는 것을 생각한다.

그런데 춤을 추면서 죄수들이 심리치료 효과를 보았고, 그들의 심리적 안정감과 만족도가 높아지면서 재범률이 떨어지게 되었다.

이 교도소에서 출소한 사람들의 인터뷰가 있었는데, 변화를 확인할 수 있었다.

한 사람의 창의성이 어떤 효과를 가져왔는지를 볼 수 있는 사례다. 이 교도소장은 유쾌한 마케터라 단언할 수 있다.

이제는 생각의 틀을 깨야 한다. 기존의 방식으로는 새로운 변화의 물결을 감당할 수 없기 때문이다. 전혀 어울릴 것 같지 않은 조합, 엉뚱한 상상력과 역발상, 이런 것들이 권장되는 분위기로 바뀌지 않고서는 지식정보 시대로 넘어가는 변곡점을 지나가지 못한다.

 마케팅 루덴스는 챠수요를 발견하는 작업이다

마케팅은 놀이방식으로 변모하면서 점점 유쾌해질 것이다. 산업문명에서 터부로 여겨져 왔던 놀이라는 인간의 본능이 다시 고개를 내밀며, 이성에 억눌렸던 감성이 힘을 얻어가고 있다. 재미와 감성 fun & feel이 새로운 마케팅 코드로 부상하고 있는 것은 당연한 귀결이다.

놀이가 새로운 문화창조의 원동력이 된다는 호이징거의 충고를 새길 필요가 있다. 기업이 마케팅에 성공하려면 고객들과 어울려 놀아야 한다. 책상에 앉아서 시장을 분석하고 타깃을 정하고 전략을 짜는 것은 탁상공론으로 전락할 수밖에 없다.

이젠 개인화된 스마트 미디어 시대로 변하면서 그런 일방향적인 기존의 방식은 먹히지 않는 환경이 되었기 때문이다.

'장자'에 제나라 환공이 읽고 있던 책을 성인의 찌꺼기라고 말하는 늙은 목수의 얘기가 있다.

"어찌 일개 목수 따위가 성인의 책을 찌꺼기라 할 수 있는가, 해명하지 못하면 목숨을 잃을 줄 알라"면서 화를 내는 환공에게 그는 이렇게 말한다.

"저의 경험에서 그렇게 생각했을 뿐입니다. 제가 만드는 수레바퀴는 꼭 끼면 잘 돌아가지 않고, 느슨하면 겉돕니다. 꼭 끼지도 않고 너무 느슨하지도 않고, 손에도 마음에도 딱 맞는 그 정도를 맞추는 요령은 도저히 말로는 표현할 수 없습니다. 그래서 제 아들에게도 가르칠 수가 없어서 이 나이가 되도록 직접 수레바퀴를 만들고 있습니다. 성인도 진정으로 하고싶은 말을 못하고 죽어버린 게 아닐까 생각됩니다. 그래서 그 책에 쓰여진 것은 성인의 찌꺼기라고 말한 것입니다."

사람들은 보통 집을 그릴 때 지붕부터 그린다. 그러나 집을 그릴 때 주춧돌을 놓고 기둥을 세운 후 마지막에 지붕을 그리는 사람이 있다. 그림 그리는 기법을 배운 사람이 아니라 실제 집을 지어본 경험이 있는 사람이다.

지금 당장 고객들에게 트위터Twitter라도 시도하라. 고객들이 모여 있는 커뮤니티에 노크하라. 책상 앞에 앉아있지 말고 당장 현장으로 나가 직접 부딪쳐라. 공장 안에 머물지 말고 광장으로 나가 고객들과 함께 놀아야 살아있는 음성을 들을 수 있고, 그들의 몸짓을 이해할 수 있다. 마케팅 책은 찌꺼기다. 남의 마케팅 기법으로는 나의 성공사례를 만들 수 없다. 그것들은 참고사항일 뿐이다.

 마케팅 컨버전스

고객과 함께 놀이를 만들고 축제를 벌이면서 공동으로 가치를 창출하라. 이제 가치는 '공장 안'에서 만들어지지 않는다. 또 기업이 일방적으로 혼자서 만들 수 있는 것이 아니다. 가치 방정식이 근본적으로 달라지고 있음을 깨달아야 한다.

고객과 제휴업체들, 또 경쟁사 모두가 광장에 모여서 유쾌하게 놀면서 가치를 공동으로 창출하는 방식이 새로운 가치 방정식이 되어가고 있다. 그것은 오프라인과 온라인이 융합될 때 더 강력한 위력을 발휘한다.

고객을 즐기게 하라, 새 시장이 열릴지니.

핵심 포인트 · · · · · · · · · · · · · · · · · ·

명품 마케팅이나 웰빙 바람도 단순히 소비의 고급화 정도로 이해해서는 안 된다. 그 본질은 지식정보 시대로 이행하면서 사람들이 느끼는 가치의 포인트가 사물로부터 정보로 옮겨가는 데 있다.

고객과 함께 놀이를 만들고 축제를 벌이면서 공동으로 가치를 창출하라. 이제 가치는 '공장 안'에서 만들어지지 않는다. 또 기업이 일방적으로 혼자 만들 수 있는 것도 아니다. 가치 방정식이 근본적으로 달라지고 있음을 깨달아야 한다.

감각 마케팅
– 첫 1초를 잡아라

더욱더 단순simple해져서 한 방에 고객의 감각을 사로잡거나, 감성을 파고 들어서 무의식적으로 따라오게 만들어야 한다. 이렇게 감각적으로, 또 감성적으로 접근해야 고객이 당신 기업과 대화를 나누고 관계를 맺으려 할 것이다.

고객의 머리는 블랙박스다

소비자 행동을 연구하는 마케터에게 소비자의 머릿속은 블랙박스와 같다. 알다가도 모르는 것이 소비자의 머릿속이다. 그래서 마케팅 연구자들은 인식론이나 인지심리학의 연구를 빌어 소비자들이 어떤 과정으로 브랜드나 상품 등을 머리에서 받아들이고 기억이란 곳에 저장시켜 놨다가 필요할 때 꺼내 쓰는지를 구명하려 노력해 왔다. 인지구조와 인지과정이론이 그것이다.

여러 이론들이 있지만 가장 일반적인 이론은 다단계 모델multi-store model이다. 이 모델은 인간의 기억은 여러 단계로 나누어져 있다는 가정에서 출발한다. 즉 감각적 기억sensory register – 단기 기억short-term memory – 장기 기억long-term memory으로 구분할 수 있는 것이다. 이 모델을 자세히 언급할 필요가 있다.

인간의 머리로 입력되는 정보는 오관시각, 청각, 미각, 후각, 촉각을 통해 감각적 기억으로 들어오고, 이 중에서 일부분이 단기 기억으로 이동하며, 이 중에서 또 일부분만이 장기 기억으로 이동되어 저장된다는 것이다. 각 기억들의 특징은 이렇다.

1) 감각적 기억(SR) : 입력되는 정보들은 일단 감각적 기억을 거치게 된다. 정보가 감각적 기억에 머무르는 시간은 극히 짧아(1초 이내로 추정됨), 주의해서 계속 처리과정을 밟지 못하면 입력된 정보는 소실되고 만다.

2) 단기 기억(STM) : J. R. Bettman에 의하면 단기 기억은 처리역량이 한정되어 있어 일정 시점에서 약 7개의 기억조각밖에 처리하지 못한다고 한다. 여기에서 거론되는 기억조각은 기억 속에서 처리하기 위해 입력정보를 분해해서 재구성한 각 단위를 의미하는 것이다. 예를 들어, 나이키라는 상표명이 입력되었다면, 나이키라는 브랜드명과 그것이 의미하는 것들의 묶음이 한 조각이 되는 것이다.

처리역량이 최대 7조각까지 가능하다고는 하나, 그것은 단기 기억에 다른 일이 주어지지 않을 때를 가정한 것이고, 입력되는 정보를 해석해야 하는 일 등 추가적인 일이 주어질 경우에는 2~3조각만 처리할 수 있다는 것이다.

또한 단기 기억은 처리역량이 제한되어 있어 단순한 것만을 처리하며, 복잡한 정보는 장기 기억으로 옮겨져야 가능해진다. 그러므로 단기 기억에서는 입력된 정보를 분해하고 재구성해서 장기 기억으로 이송하게 되는데, 이 과정에서 리허설되지 않으면 유실되어

버린다.

3) 장기 기억(LTM) : 장기 기억은 정보가 충분히 처리되어 오랜 기간 저장되는 곳이다. 장기 기억은 무한대일 수도 있고 매우 짧은 시간일 수도 있다. 따라서 망각이란 기억이 유실됐다기보다는 장기 기억으로부터 검색retrieval되지 못하는 상태를 말한다.

감각 – 단기 기억 – 장기 기억으로 이어지면서 머리를 통과한 정보 중 극히 일부분만이 장기 기억에 저장된다. 그러다가 소비자들이 제품을 탐색하거나 구매할 때 그것들을 끄집어내는 정보처리과정을 거친다는 것이 다단계 모델의 설명이다.

이것은 그동안 소비자 인지와 행동을 이해하는 데 근간을 이뤄왔다. 또한 이 모델은 광고전략에서도 활용되었다. 기업은 소비자의 장기 기억에서 좋은 자리position를 차지하기 위해 반복적으로 광고를 노출함으로써 리허설 과정을 거쳐 장기 기억에 안착시키려는 노력을 해왔다. 실제로 소비자들이 받아들이는 정보 중에서 장기 기억에 남는 양은 극히 일부분일 뿐이다.

 **고객이 스마트해졌다**

그런데, 이와 같은 법칙에도 변화가 일어나고 있다. 그동안 기업들의 노력으로 점점 소비자들의 장기 기억 속에 저장되어 있는 상품에 대한 지식이 많아지게 되었고, 또 사용 경험이 풍부해지면서 브랜드에 대한 태도도 형성되게 되었다. 즉 소비자들이 똑똑해진

smart 것이다.

소비자들이 무지할 때는 기업이 보내주는 정보를 감각을 통해 받아들이고, 단기 기억, 장기 기억의 수순을 밟았지만, 이미 산전수전 다 겪어본 고객들은 감각적으로 판단할 수 있을 만큼 수준이 높아져 버렸다.

이러한 변화에 기름을 붓은 것이 유비쿼터스 환경이다. 인터넷의 확산과 이메일, 스마트폰, 태블릿PC 등의 첨단기기로 무장한 소비자들은 과거와 같은 마케팅 대상이 아니라 거꾸로 마케팅을 주도해가는 세력으로 변하고 있다. 그러면서 기업이 보내는 메시지는 감각으로 받아들이고 있는 것이다.

말콤 글래드웰이 쓴 『블링크 – 첫 2초의 힘』의 논지도 고객의 감각을 지배해야 한다는 것이다. 새로운 사람을 만날 때 처음 1~2초의 인상이 평가를 좌우하듯, 기업의 마케팅 전략도 이제는 장기 기억에 어떻게 포지셔닝하는지가 중요한 게 아니라 고객과의 접점 MOT; Moment of Truth에서 한 방에 고객의 감각을 사로잡는 감각 마케팅이 중요해지고 있다. 그러려면 마케팅이 유쾌해져야 한다.

 **매력을 발산하라**

고객의 오감五感에 호소하는 마케팅 아이디어들이 쏟아지고 있다. 오감 중에서 가장 영향력이 큰 것은 시각적인 측면이다.

파스퇴르 우유는 런칭할 80년대 말 정황으로 봤을 때 성공확률이 희박했다. 이미 메이저급 브랜드들이 원유의 공급과 유통을 장악하고 있었고, 소비자들에게 우유란 저관여low involvement 상품이었을 뿐이다. 즉 저온살균을 하건 고온살균을 하건 그것은 고려할 사항이 아니었다.

비타민이나 영양소가 기존 우유에 비해 2배 많으면 우유 2개를 사먹으면 됐다. 어차피 파스퇴르 우유의 가격이 2배였으니까. 저온살균 방식을 채택하기 위해서는 양질의 원유가 필요한데, 그 역시 기존 농가의 입장에서는 투자가 따르는 리스크를 감수하지 않으면 안 되었다.

이런 열악한 상황에서 파스퇴르가 성공할 수 있었던 비결은 아주 단순하다. 초창기 파스퇴르 우유는 뚜껑을 열면 생크림이 두껍게 떠 있었다. 시각적으로 걸쭉한 생크림을 보면서 소비자들은 가격이 비싸더라도 그만한 가치가 있다고 판단한 것이다. 이것이 눈에 보이는 상품, 즉 유형의 상품tangible product 위력이다.

유형의 상품 위력을 보여준 또 하나의 사례는 자일리톨 껌이었다. 자일리톨은 대박상품이 되었지만 처음 출시 때는 실패였다. 충치 예방 효과가 있건 없건, 또 핀란드 사람들이 잠자기 전에 씹건 말건 시각적으로 볼 때 기존 껌과 똑같은데, 값이 500원이라는 것은 그 당시 수준으로 봤을 때 쉽게 받아들여질 수 있는 문제가 아니었다.

2년 후 제품의 형태와 포장용기를 기존의 껌 모양이 아닌 약품 느낌이 나도록 바꾸고 나서야 소비자들은 2~3배 비싼 자일리톨을 인정하기 시작했다. 유형의 상품은 이렇게 중요하다. 성공한 모든 제품은 시각적인 유형의 상품화는 기본이었음을 알 수 있다.

 마케팅 컨버전스

벤처기업들이 빠지는 함정이 여기에 있는 경우를 종종 보게 된다. 아이디어 좋고, 제품 콘셉트가 아무리 훌륭해도 그것을 시각적으로 표현하지 못하고서는 절대 성공을 기대할 수 없다. 초기에 어려움을 겪던 벤처들이 급격히 부상하는 것은 대개가 유형의 상품으로 전환하고 나서다.

디자인이 성패에 결정적인 영향을 미치는 이유도 여기에 있다. 좋은 디자인이란 아름답고 멋진 것이 아니라, 제품의 콘셉트를 단순화시켜서 고객에게 시각적으로 잘 전달하는 것이다. 디자인은 시각 메시지인 셈이다.

세계적인 디자이너들은 결코 그림을 잘 그리는 사람이 아니다. 그들보다 그림이나 형상화에 더 재능이 있는 사람들은 얼마든지 있다. 중요한 것은 상품의 본질을 이해할 줄 알고, 고객과 시장 코드를 간파할 수 있는 마케팅 능력에 있다. 그것에 따라 디자인의 가치가 결정된다.

컬러 마케팅도 시각에 호소하는 감각 마케팅의 일환이다. 2002년 붉은 악마의 레드 마케팅은 온 국민을 결집시키는 원동력이 되었다. 노란색을 활용한 전략은 2002년 대선에서 대통령도 만들어냈다. 컬러가 주는 메시지는 매우 강하다.

요즘은 백색가전이라는 용어가 무색해졌다. 냉장고, 세탁기 등 흰색 일변도였던 가전제품들의 컬러도 다양화되고 있다. 컬러의 금기사항도 무너지고 있다. 특히 식품에 있어서는 더욱 그러하다. 블랙 토마토, 노란 수박, 붉은 바나나 등도 출하된다.

사람들의 의류 색상을 보면 경제의 흐름이나 변화를 알아챌 수 있다. 무의식이 컬러에 투영되기 때문이다. 이러한 변화와 흐름을 이해하고 컬러를 마케팅에 원용하는 전략은 대단한 위력을 발휘할 수 있다.

 피리 소리는 아이들을 물에 빠지게도 한다

시각 다음으로 영향력이 큰 감각 기관은 청각이다. 우리는 중세 유럽에 있었다는 피리부는 사나이의 이야기를 알고 있다. 피리 소리에는 쥐도 물에 빠지게 하고 사람도 따라가게 하는 묘한 트리거 trigger가 숨어있다. 따라서 음악은 마케팅에 있어서 빠질 수 없는 요소다. 음악을 마케팅에 활용하는 방법은 다양하다.

유통점이나 레스토랑, 또 고객을 직접 상대해야 하는 매장을 운영하는 업종들은 음악에 대해 다른 업종보다 민감할 수밖에 없다. 시간대별, 상황별, 기후별, 계절별, 연령별, 라이프스타일별로 다른 음악을 선곡함으로써 고객 행동을 유발한다. 음악에는 고객의 잠재의식을 자극해서 구매력을 높이는 힘이 있기 때문이다.

이미 할인점이나 백화점 등에서는 음악에 따라 매출이 달라진다는 것을 깨달았다. 주말 등 고객이 붐빌 때는 빠른 템포의 음악을 틀어줌으로써 회전율을 높이는 전략을 쓴다. 반면 고객이 적은 평일에는 느린 템포의 음악으로 고객이 매장에 머무는 시간을 늘리려고 한다.

음악과 소비자 행동의 상관관계에 관한 연구들이 많다. 음악은 심장박동 수에 영향을 미치며, 심장박동 수가 변하면 감정이 달라진다. 음악 마케팅 전문가들은 봄에는 왈츠 등으로 경쾌하게, 여름에는 시원함을 느낄 수 있는 음악을, 가을에는 분위기 있게, 또 겨울에는 발라드 등 따뜻한 음악 선곡을 추천한다.

갑자기 비가 내리면 즉시 그에 맞는 음악을 실시간으로 내보내고, 지역별로도 그 지역 정서에 맞는 음악을 선곡할 수 있는 시스템들을 구축해 놓은 유통점들이 많다. 10~20대의 젊은 고객이 모이는 지역에는 신세대들이 선호하는 댄스곡이나 유행음악을, 고학력자나 부유층이 사는 지역에는 클래식 등을 틀어 차별화하는 것이다. 이러한 시스템을 뒷받침해 주기 위해 음악을 실시간으로 스트리밍 서비스하는 회사들도 늘고 있다.

음악을 고객 행동에 영향을 미치는 요인으로 인식하는 마케팅 방식보다 한 차원 높은 것은 새로운 경험을 제공하는 상품으로 승화시켜 브랜드 파워를 강화하는 것이다.

스타벅스는 음악을 또 하나의 상품으로 인식함으로써 성공을 거둔 음악 마케팅의 좋은 사례다. 커피를 판매한다기보다 스타벅스 경험Starbucks Experience을 판매한다는 철학을 가진 스타벅스는 음악도 그들의 중요한 상품이다. 음악만큼 고객에게 새로운 라이프스타일을 제공할 수 있는 좋은 무기는 없기 때문이다. 스타벅스 뮤직이라는 용어가 생겼을 정도다.

폭스바겐 역시 24시간 온라인 라디오 방송국을 만들었다. 자동차 회사에서 엉뚱하게 라디오 방송국을 만들었느냐는 질문에 경영자는 이렇게 대답했다.

"음악은 폭스바겐을 떠올리는 경험의 한 부분이죠."

이제 음악은 마케팅에 있어서 빼놓을 수 없는 요소로 자리매김하고 있다. 과거에는 광고에 로고송이나 BGM 등을 만들어 히트시킴으로써 브랜드 인지도와 이미지를 높이는 방식이었지만, 이젠 달라지고 있다.

2005년 '애니모션Anymotion'이라는 노래는 인터넷을 통해 처음 공개된 지 불과 20일 만에 SK텔레콤, KTF 등에서 컬러링, 벨소리 다운로드 1위를 달렸다. 또 인터넷을 통해 뮤직비디오도 급속하게 확산되었다.

이효리가 부른 '애니모션'은 삼성전자가 애니콜을 광고하기 위해 만든 일종의 CM이다. 그런데 광고비를 들이지 않고 광고 이상의 효과를 올린 결과를 낳았다.

 ## 아로마 마케팅으로 최면을 걸어라

시각, 청각에 이어 중요한 감각은 후각이다. 향으로 질병을 치료하는 아로마 테라피aroma therapy는 대체의학으로도 인정받을 만큼 인기를 얻고 있다. 냄새 역시 그 안에는 오묘한 비밀이 숨어있는 것이다.

아로마에는 여러 가지가 있어서 숙면에 도움을 주는 향이 있는 반면, 각성제 역할도 한다. 병원 등에서는 라벤더 향으로 안정감을 주고 환자들이 휴식과 숙면을 취할 수 있도록 한다. 그러나 학원이나

고시원, 사무실 등에는 그런 향을 쓸 수 없다. 졸음을 방지하고 두뇌를 맑게 해줘 집중력에 도움이 되는 향을 사용해야 한다.

많은 영업장에서 아로마를 사용하고 있다. 헬스클럽이나 체육관, 또는 가구점 등에서는 삼림욕 향을, 커피숍이나 제과점 등에서는 은은한 커피 향으로 구매 욕구를 자극하고, 백화점이나 의류매장에서는 샤넬 등의 향으로, 호텔, 은행, 공항, 휴게시설 등 공공장소에서도 상큼한 허브 향 등을 사용하고 있다.

실제로 자동공기청향기가 설치되어 있는 일반 소매점과 설치되어 있지 않은 곳을 비교한 결과 설치된 쪽에 84%정도 손님이 몰리고 10%이상 매출이 올랐다. 작업장의 경우 생산성과 효율성의 상승, 불량율은 54%로 감소했다는 연구결과가 있다.

음악이 그러하듯 냄새도 뇌의 작용과 연관되어 있다. 또한 심리상태에도 큰 영향을 미쳐서 고객들의 욕구를 자극하고, 구매에 대한 긍정적인 마인드와 만족감을 높일 수 있다.

후각은 미각에도 지대한 영향을 미친다. 실제 인간의 혀는 맵고, 쓰고, 달고, 신맛 밖에는 감지하지 못한다. 감기로 코의 기능이 원활하지 않을 때 음식의 맛을 느끼지 못하는 이유가 여기에 있다. 그렇기 때문에 식음료 업종의 경우 향은 매출에 결정적인 영향을 미칠 수 있다.

 # 고객은 당신에게 1초 이상을 허락하지 않는다

갈수록 감각 마케팅이 주목을 받는 이유는 고객들이 이성적 또는 합리적으로 행동한다는 가설이 흔들리고 있기 때문이다. 홍수 때 가장 부족한 게 식수이듯, 쏟아지는 정보의 홍수 속에서 고객들은 비교하고 합리적으로 판단할 수 없는 환경으로 변하고 있다. 고객들은 당신의 제품을 기억장치 속에 프로세싱시킬 만큼 여유롭지 못하다.

'우리제품은 이런 점이 좋습니다', '경쟁제품과 이런 점이 차별화됩니다' 등의 메시지를 던지는 동안 고객들은 이미 저만큼 떠나가버린다. 더욱더 단순simple해져서 한 방에 고객의 감각을 사로잡거나, 감성을 파고 들어가서 무의식적으로 따라오게 만들어야 한다. 이렇게 감각적으로, 또 감성적으로 접근해야 고객이 당신 기업과 대화를 나누고 관계를 맺으려 할 것이다. 이제는 고객과 공동의 경험을 나누면서 가치를 창출하는 유쾌한 마케팅 방식으로 전환해야 한다.

댄 힐은 그의 저서 『감각 마케팅Body of Truth』에서 미래로 갈수록 마케팅이 달라져야 하는 이유를 5가지로 요약하고 있다.

첫째, 제품 특성 위주의 마케팅은 더 이상 쓸모 없다.

둘째, 본능적이고 직관적인 실마리가 소비자 반응을 결정한다.

셋째, 마케팅 리서치 기법을 재검토하라.

넷째, 브랜드 스토리는 중요하다.

다섯째, 소비자들과 풍성한 유대관계를 맺어라.

유쾌한 마케터들이여, 회의실에 머물지 말고 피리를 들고 광장으로 가라. 그곳에 감각을 융합하는 아이디어가 있다.

핵심 포인트 ··················

인터넷의 확산과 이메일, 스마트폰, 태블릿PC 등의 첨단기기로 무장한 소비자들은 과거와 같은 마케팅의 대상이 아니라 마케팅을 주도해 가는 세력으로 변하고 있다.
'우리제품은 이런 점이 좋습니다', '경쟁제품과 이런 점이 차별화됩니다' 등의 메시지를 던지는 동안 고객은 이미 저만큼 떠나간다. 감각적으로, 또 감성적으로 접근해야 고객이 당신 기업과 대화를 나누고 관계를 맺으려 할 것이다. 이제는 고객과 공동의 경험을 나누면서 가치를 창출하는 마케팅 방식으로 전환해야 한다.

똥 마케팅
– 똥도 마케팅 자원이다

환경 변화는 이제 기업경영에 있어서 위협요인이 되었지만, 변화 속에 기회가 있다. 대체에너지 분야나 환경보호 분야에서 새로운 사업기회를 발견할 수 있으며, 미래 성장동력도 환경 변화 속에 존재한다.

'똥 푸어'의 추억

어린 시절, 길거리에 '똥 푸어'를 외치며 다니는 아저씨들이 많았다. 어깨에 긴 막대기를 걸치고 양쪽에는 똥통 2개를 매달고 다녔다. 그 아저씨들은 가히 달인의 경지에 올라 있었다. 오물이 통 밖으로 떨어지지 않도록 마치 곡예를 하는 듯 했다.

화장실을 푸고 난 후에는 하얀 가루가 뿌려졌다. 냄새 재거제 겸 소독약이다. 푼 똥은 논밭으로 옮겨져 재활용되었다. 아무리 아저씨들의 솜씨가 좋다고 해도 길거리에 오물 잔재가 남지 않을 수는 없었다. 이것이 60년대 서울의 모습이었다.

60년대가 이러했는데 그 전에는 오죽 했을까? 서구 산업 문명이 몰려오던 조선 말 대표적인 개화파였던 김옥균과 서재필의 글을 읽어보면 100여 년 전의 모습을 짐작할 수 있으며, 산업 문명이 위생衛

生과 밀접하게 관련되어 있음을 알 수 있다.

"내가 들으니, 외국 사람이 우리나라에 왔다 가면 반드시 사람들에게 말하기를 '조선은 산천이 아름다우나 사람이 적어서 부강해지기는 어려울 것이다. 그보다도 사람과 짐승의 똥, 오줌이 길에 가득하니 이것이 더 두려운 일이다'라고 했다니 어찌 차마 들을 수 있는 말인가 ··· 현재 구미 각 국은 그 기술의 과목이 몹시 많은 중에서도 오직 의업을 맨 첫머리에 둔다. 이것이 백성들의 생명에 관계되기 때문이다."_김옥균, 치도약론 – 고미숙, '한국의 근대성, 그 기원을 찾아서' 134쪽에서 인용

"경무청 훈령으로 인민의 집 칙간 구멍을 영위 막은 것은 첫째 인민의 위생을 극진히 보호하는 본의요, 둘째는 도로가 정결함을 숭상하는 일이라. 인민된 자 어찌 위생에 이익을 감격히 아니 여기며, 또 어찌 훈령을 어기리요. 인민들의 생각에 이렇게 막은 후에 똥이나 오줌을 쳐낼 방책이 필경 있으리라 하였더니, 막은 지가 날이 오래돼 똥과 오줌을 쳐낼 사람도 없고 방책도 없어서, 다행이 칙간 구멍이 깊은 집은 아직 몇 일은 더 견디려니와 구멍이 얕은 집은 똥오줌이 넘쳐서 정결치도 못하고 그 괴악한 내음새에 사람이 견딜 수가 없이 되니 ··· 똥과 오줌을 쳐낼 방책을 어서 바삐 하여주는 것이 일하는 차서에도 합당하고, 집 속에 있는 사람의 위생에도 매우 좋을 듯 하도다."_독립신문, 1898년 8월 11일자, 위의 책 135쪽에서 인용

이 글을 읽어보면 이전에는 변소 밑이 막혀 있지 않아서 거리로

똥과 오줌이 흘러나왔다는 얘기고, 경무청의 정책으로 변소 밑을 막고 나서는 그것을 치울 인력과 시스템이 갖춰져 있지 않았다는 말이다.

지금은 견학코스가 되었지만, 제주도의 옛 변소 구조를 보면 사람의 똥과 오줌을 밑에 있는 돼지가 먹도록 설계되어 있다. 그 돼지를 잡아서 사람이 먹고 다시 똥과 오줌으로 배설하는 것이다. 이것은 자연생태계의 순환을 닮아 있다.

 ## 산업 문명의 딜레마

그러나 산업화는 자연계의 순환구조를 깨뜨려야 했다. 공장에서 생산된 제품들이 도로를 통해 유통되어야 하는데, 길거리에 똥오줌이 널려 있어서 그 흐름을 불편하게 만들었기 때문이다. 또 논과 밭들이 도시로 변하면서 과거에는 논밭으로 흘러 들어가게 설계되어 있던 똥의 순환에도 차질이 생길 수밖에 없었다.

산업화가 진행되면서 땅은 숨쉬기 어렵더라도 원활한 유통을 위해서는 아스팔트를 깔아 막아야 했고, 대량생산을 위해 석탄이나 석유 등 화석연료를 사와야 했다. 공장 굴뚝에서는 연기가 뿜어져 나오고, 도로가 닦이고 곳곳에서 땅을 파고 개발하면서 새마을노래가 흘러나왔던 것이 우리나라 60~70년대의 모습이었다. 그러면서 경제는 가파르게 성장했고, 산업 문명은 익숙한 우리의 일상이 되어버렸다.

산업혁명은 부의 확장에 엄청난 기여를 했다. 스코틀랜드 출신의 경제학자 앵거스 매디슨의 연구에 의하면 인류의 부는 산업혁명의 절정기였던 1820년 이후 급속한 성장을 보인다. 세계 1인당 GDP 성장곡선의 기울기가 거의 수직에 가깝게 올라간다.

인류는 산업혁명이 일어나면서 잘 살게 되었고, 풍요로운 삶을 누릴 수 있게 되었다. 솔로몬이 부귀영화를 누렸다고 하지만, 그는 150마리의 말이 끄는 마차를 타 본 적이 없다. 그러나 우리는 150마력馬力의 엔진이 끄는 자동차를 타고 있다. 150마리의 말이 내 앞에서 달리고 있는 모습을 상상해 보라. 정말 장관이 아닐 수 없다. 이것이 증기엔진의 발명으로 촉발된 산업혁명의 위력이다.

산업혁명은 대량생산을 가능하게 했고, 대량유통, 대량 커뮤니케이션, 대량소비로 이어지면서 경제의 폭발적인 성장을 가져왔다. 이렇듯 경제 성장에 혁혁한 공을 세웠던 산업화는 자연생태계의 순환을 거스르면서 심각한 말기후유증을 앓고 있다.

지구대기층을 공장에서 배출된 탄소가 막으니 열이 더 이상 올라가지 못하고 땅으로 유턴하면서 지구의 온도가 올라가고 있다. 이른바 지구온난화 현상이다. 더워지니 에어컨을 더 틀어댈 것이고,

그럴수록 온도는 높아가고, 악순환고리에 접어들게 된다.

북극의 얼음이 녹아 내리면서 북극곰들이 사라지고, 해수면이 올라가면서 지구상에 재해가 뒤따르고 있다. 곳곳에서 지진이 일어나고 아마존은 눈물을 흘린다. 시의적절하게 영화 '아바타'는 환경파괴에 대한 사람들의 집단무의식을 건드리면서 흥행을 이끌었다.

또한, 청결과 위생은 산업화에 꼭 필요한 조건이었다. 제품을 대량생산하는데 청결하지 못하다면 품질에 문제가 생기기 때문이다. 위생과 건강을 중시하는 풍조 때문에 의사라는 직업도 각광을 받게 되었다.

옛날의 의사는 지금의 개념으로 생각해서는 안 된다. 산업혁명 이전의 의사 지위는 엘리트가 아니었다. 병의 원인이 병균임을 깨닫게 된 것은 불과 200년도 안 된다는 점을 생각해 보면 쉽게 짐작할 수 있다.

위생과 건강을 중시했던 산업 문명은 아이러니컬하게도 생태계가 파괴되면서 사람과 동물의 몸에도 정체불명의 신종 병들이 생겨나고 있다.

각종 정신질환, 암이나 에이즈도 그렇거니와 광우병이나 조류 인플루엔자, 신종플루 등 과거에는 듣도 보도 못한 질병들도 생태계 파괴의 결과물이다. 이것이 바로 자연과 통합을 중시했던 과거 동양 문화와 달리 생산과 효율성을 중시한 서구 산업 문명의 딜레마다. 즉, 경제적으로 풍요롭게 되었지만 실제적인 삶의 질이 떨어지게 된 것이다.

고유가 현상도 서구 산업 문명이 몰락의 길로 접어들고 있다는 증

거다. 자원개발의 명목으로 경쟁적으로 화석연료를 파내니 자원이
점차 고갈되고 있다. 수요가 줄기는커녕 오히려 증가하는데, 공급
량이 적어지니 기름값이 오르는 것은 당연한 일이다.

 ## 산업 문명의 똥

이렇듯 환경 변화는 산업 문명의 몰락과 깊은 상관관계를 가지고
있다. 과거 역사에서 볼 수 있듯이 환경의 변화는 기존의 문명을 무
너뜨리고 새로운 문명으로 대체시켜 왔다. 이 물결을 이길 사람은
없다.

재미있는 사실은 60년대 '똥 푸어'의 추억이 재연되고 있다는 점
이다. 가끔 재활용 쓰레기를 버리러 가면 동네아저씨들을 만날 수
있다. 집집마다 재활용 쓰레기를 버리러 양손에 들고 모여든다.

재활용 집하장에는 엄청난 양의 쓰레기가 산더미처럼 쌓여 있다.
종류별로 분류하는 것도 쉽지 않을 뿐만 아니라 양이 넘쳐서 주변
이 지저분하다. 이것들이 산업 문명의 똥인 셈이다. 농경 사회에서
산업 사회로 이행될 때 '똥 푸어'의 모습을 볼 수 있었듯이, 이제 산
업 사회에서 지식정보 사회로 넘어가면서 재활용 쓰레기 모습으로
재연되고 있다.

빈 용기와 포장지, 오래 돼서 버리는 물건들, 음식쓰레기 등등 문
명생활을 하고난 후의 배설물들이 쏟아져 나오고 있다.

제품을 사면 내용물만 꺼내고 포장지는 그대로 버린다. 제품가격

에 포장 원가가 반영되어 있는데, 포장지는 써보지도 않고 버리는 비용까지 부담해야 한다.

 **10년 후의 풍경**

인간의 경제지능은 이와 같은 불편한 상황을 오래 지속시키려 하지 않을 것이다. 용기와 재질을 친환경적인 신소재로 대체하는 것도 이러한 연장선 상에 있다. 또한 생활용품 기업이나 유통업체들이 가급적 불필요한 포장지를 줄이는 것도 반드시 필요한 그린 마케팅의 일환이다.

사실 포장이란 대량유통의 필요성 때문에 생겨난 것이다. 운송과 보관을 위해 포장은 필수다. 생각해 보라. 산업화 이전에는 필요한 물건을 사면 보자기에 싸왔다. 10년 후쯤이면 할인점이나 편의점의 풍경은 지금과 현격한 차이가 날 것이다. 지금은 포장된 제품들이 진열대에 놓여 있지만 10년 후에는 수도꼭지와 비슷하게 생긴 것들이 달려있을 것이다.

수도꼭지 하나에서는 콜라가 나오고, 또 다른 꼭지에서는 샴푸가 나오고, 또 옆의 꼭지를 틀면 쌀과자가 쏟아져 나오는 방식이다. 고객들은 자신이 준비해간 빈 용기에 사고자 했던 제품들을 담아오는 시스템이다.

재활용의 가장 큰 비중을 차지하는 종이신문과 전단지들도 사라질지 모른다. 이미 그러한 변화의 준비는 시작되었다. 인터넷과 모바일의 발달, 유비쿼터스 환경은 커뮤니케이션의 패러다임을 바꾸고 있으며, 기존 산업들의 가치 사슬을 해체시키고 있다.

전기를 겸용하는 하이브리드 자동차나 수소연료 자동차들이 보급되고, 놀이동산에서나 볼 수 있는 롤러코스터나 트램카가 공중으로 날아다닐 가능성도 높아지고 있다. 자동차 대신 자전거로 통행하는 비중이 늘어 날 것은 쉽게 예상할 수 있다. 비싼 화석연료를 사용하면서 공기를 오염시키는 교통수단은 미래 환경에 부적합하기 때문이다.

아파트나 건물의 옥상에는 해바라기들이 즐비할 것이다. 태양열을 모으는 집적장치들이다. 태양열 집적기술은 계속 발달하고 있으며, 경제성을 확보할 수 있는 일정한 한계수준threshold level을 넘게 되면 순식간에 보편화할 수 있다. 이렇게 모아진 에너지로 전력과 난방을 할 수 있게 되는 것이다.

교외로 나가면 유럽의 풍차처럼 논과 밭이 있던 자리에, 또는 산기슭에 태양열 해바라기들이 늘어선 풍경을 볼 수 있게 될 것이다. 그 수는 점점 늘어날 것이며, 새로운 관광명소로 자리매김할 수도 있다.

 ## 그린 마케팅의 사례들

기업들은 환경 변화에 대응하는 그린 마케팅green marketing을 적극 펼쳐가야 한다. 환경친화적 소재 사용은 늘이고, 포장을 줄이는 것도 그린 마케팅의 일종이다. 유해물질이나 배기가스 배출을 줄이는 것도 기업의 의무다.

그러나 환경 변화를 중시하고 환경을 보호를 한다는 것을 단순히 기업의 사회적 책임이라고 생각하는 것은 소극적인 자세다. 이것은 의무감에서 하는 것이 아니라 기업의 생존이나 성장과 직결된 문제이기 때문이다.

유한킴벌리가 표방하고 있는 '우리 강산 푸르게 푸르게'는 킴벌리 브랜드가 한국에 안착할 수 있도록 한 일등공신 캠페인이었다. 기업 이미지를 향상시켰을 뿐 아니라 매출증진에도 큰 도움이 되었다.

해외 브랜드가 성공하기 어려운 시장이 한국이라는 점을 감안해 볼 때 유한킴벌리의 그린 마케팅은 성공적인 사례로 꼽을 수 있다. 이 캠페인은 20년 넘도록 지속되고 있을 정도로 아직도 좋은 반응을 얻고 있다.

이제 환경친화적 소재를 사용하지 않거나 환경에 악영향을 미치는 제품 수출은 원천적으로 불가능하다. 이미 유럽에서는 환경영향평가 기준을 강화했으며, 환경에 악영향을 끼칠 수 있는 제품 수입을 막고 있다. 이러한 추세는 전 세계로 확산될 수밖에 없다. 노키아는 대나무로 만든 휴대폰을 내놓았고, 유럽에서는 태양으로 충전되는 휴대폰 비중이 늘고 있다.

환경친화성은 하나의 글로벌 스탠다드global standard로 자리잡고 있다. 따라서 그린 마케팅은 선택사항이 아니라 필수과목이 되어버렸다. '우리는 수출하는 회사가 아니야', 또는 '우리 업종은 굴뚝업종이 아니어서 환경과는 거리가 있어'라는 생각을 한다면 아직도 변화의 물결을 실감하지 못하고 있다는 증거가 된다.

비즈니스 생태계 전체가 변하는데 업종 구분이 무슨 소용이 있단 말인가? 글로벌화의 물결을 어떤 회사가 피해갈 수 있을까?

환경 변화는 기업경영에 있어서 위협 요인이 되었지만, 변화 속에 기회가 있다. 대체에너지 분야나 환경보호 분야에서 새로운 사업기회를 발견할 수 있으며, 미래 성장동력도 환경 변화 속에 존재한다.

정부와 대기업들이 해외로 진출하면서 자원개발과 미래 에너지 확보에 투자하는 이유도 여기에 있다. 선점한다면 엄청난 부를 창출하는 블루오션이 될 수 있기 때문이다. 그러나 여기에는 대규모의 자본이 필요하다. 중소기업이 쉽게 진출할 수 있는 사업은 아니다. 그러나 작은 기업도 할 수 있는 환경사업이 있다. 그 한 예가 탄소배출권 사업이다.

 ## 방귀 뀌려면 돈 내라?

앞으로는 방귀도 돈 내고 뀌어야 한다. 이게 무슨 봉이 김선달 같은 소리냐 하겠지만 현실이 그렇다. 기업들이 생산을 하면서 배출되는 탄소를 함부로 버릴 수 없다는 말이다. 굴뚝에서 나오는 탄소만을 의미하는 것이 아니라 전기, 수돗물 등을 사용하면서도 탄소는 배출된다. 이것은 마치 산업화 초기에 똥을 길거리에 함부로 버릴 수 없었던 것과 같은 이치다.

그래서 나온 개념이 탄소를 배출할 수 있는 권리, 즉 탄소배출권이다. 탄소배출권 없이는 기업활동이 불가능해진다. 미래에는 탄소배출권에 프리미엄이 붙을 수도 있다.

한 LED 조명 제조업체는 학교에 LED 조명을 무상으로 제공해 주면서 절약되는 전력량 만큼의 탄소배출권을 확보한다. 그러고는 다른 회사에 탄소배출권을 팔아서 현금화하는 것이다. 이러한 비즈니스 모델들이 점차 늘어날 것이다.

과천시에서 탄소포인트 제도를 도입했다는 TV 뉴스 보도가 있었다. 사람들이 카드를 쓸 때 생기는 포인트나 마일리지의 개념을 적용한 것인데, 전기나 수돗물 사용을 줄이면 그 양만큼 탄소포인트를 누적시켜주는 방식이다. 탄소포인트는 현금처럼 사용할 수도 있고, 쓰레기봉투 등으로 바꿔주기도 한다는 것이다.

먼저 5백 가구를 시험 운영했는데 참여율이 높고 반응도 좋아서 확대할 예정이며, 다른 지자체들도 탄소포인트 제도를 도입할 계획이라고 한다. TV를 보면서 참 좋은 아이디어라는 생각이 들었다. 앞으로는 기업들의 프로모션 사은품에 탄소포인트와 같은 아이템들이 등장할 것이다.

미래로 갈수록 이러한 봉이 김선달 류의 비즈니스 모델이 늘어날 전망이다. 물을 사먹게 되리라고 몇 십 년 전에 상상을 할 수 있었는가? 이제 호흡도 돈을 내고 하고 방귀도 돈을 내고 뀌어야 하는 시대가 되어가고 있다. 달나라도 분양하는 시대인 것을.

이제는 역발상과 생각의 틀을 깨지 않으면 안 된다. 기존 가치 부가 방식의 비즈니스 모델만으로는 레드오션에서 벗어나기 어려워지기 때문이다. 그러기 위해서는 봉이 김선달이 되어야 한다.

그린 마케팅에 스토리 융합하기

이러한 마케팅 사례들은 지금까지 생각할 수 있었던 그린 마케팅이다. 그런데 그린 마케팅의 개념을 여기서 한 발짝 앞으로 옮겨야 한다. 그것은 컨버전스 마케팅, 즉 환경을 상품에 융합하는 방법으로 환경 변화도 마케팅에 활용할 수 있는 자원resources이라는 점을 인식하는 데서 출발한다. 환경을 가치있는 자원으로 인식해서 상품에 융합하는 방법을 날씨 마케팅의 사례를 들어 생각해 보자.

날씨라는 소재를 활용하여 스토리story를 만드는 작업의 원형은 발빠른 몇 개 기업들의 날씨 마케팅 사례에서 찾아볼 수 있다. '크리스마스에 눈이 몇 mm 이상 오면 어떻게 하겠다' 든지 '말복 날 최고 온도가 몇 도 이상 오르지 않으면 무엇을 주겠다' 든지, '비가 얼마 이상 오면 보상해 주겠다' 는 것 등이다.

관광, 호텔, 여행, 전자, 금융, 통신업계에서 실시했던 이러한 프로그램들은 신선한 충격을 주었으며, 매출 증대는 물론이고 적은 예산을 들여 브랜드 인지도를 높이고 고객과의 좋은 관계를 쌓는 데에 기여를 했다.

이것은 일종의 비즈니스 게임이다. 즉 고객과 게임을 하는 것이다. 고객들은 여기서 재미fun를 느끼고, 또 기업과 경험experience을 공유하게 된다. 경험의 공유는 신뢰와 지속적인 관계유지로 이어지게 되는데, 이것이 고객과 함께 스토리를 만들어 가는 감성 마케팅의 요체다.

스토리를 만드는 기법은 게임 방식일 수도 있고, 또는 영화나 음악 등의 문화컨텐츠일 수도 있다. 버버리라는 브랜드는 런던의 안개 낀 다리를 연상시킨다. 우수에 찬 분위기가 괜히 낭만적이면서도 지적일 것 같은, 우산을 들고 서 있는 영국 신사의 이미지가 떠오르는 것이다.

흐리고 안개가 자주 끼는 런던의 날씨가 부러운 날씨인가? 그렇지 않다. 런던의 날씨에는 버버리와 같은 소재의 옷이 적합할 뿐이다. 그러나, 그러한 악조건을 오히려 문화로 승화시킴으로써 스토리를 만들어낼 줄 알았던 버버리는 세계적인 명품 브랜드가 될 수 있었다.

많은 사람들은 비가 오면 청개구리를 연상한다. 비와 관련된 것이 어디 청개구리뿐이겠는가? 또 비가 오면 청개구리가 운다는 과학적인 근거가 있는가? 그럼에도 불구하고 청개구리를 연상하는 것은 우리가 어렸을 때 읽었던 동화 때문이다. 즉 이야기꾼의 상상력이 비가 오면 청개구리 생각이 나게 만든 것이다.

안개 하면 떠오르는 브랜드가 버버리듯, 우리는 비가 오면 생각나는 브랜드, 눈이 오면 생각나는 브랜드를 만들어가야 한다. 그러기 위해서는 스토리를 만들고 그것을 상품에 융합시킬 수 있어야 한다. 이러한 상상력과 창의력이 지식사회에서 마켓리더십을 누릴 수 있는 조건이다.

똥도 자원이다

위의 사례들은 날씨 변화를 하나의 자원으로 인식해서 마케팅에서 활용한 경우다. 사람들이 그냥 스치고 지나가는 날씨 변화도 통찰력 있는 마케터에게는 귀중한 마케팅 자원이 될 수 있다.

마찬가지로 창의적인 마케터에게는 환경의 변화도 스토리를 만들고 가치를 창출하는 자원일 수 있다. 이제는 화석연료나 에너지만 자원이 아니라 상상력과 창의력이 더 가치있는 자원이 되는 지식정보 시대로 넘어가고 있음을 깨달아야 한다.

누가 흐름을 읽고, 변화의 본질을 파악하는가에 따라 미래리더십이 역전될 수 있다. 즉 생태계의 파괴, 공기와 물의 오염, 온난화현상, 지진 등의 재해, 희귀병의 발생, 식량부족, 고유가 현상들을 표피적으로 이해할 것이 아니라 본질 상 하나의 축으로 연결되어 있으며, 그 변화의 축은 산업에서 지식정보 시대로의 이동이라는 점을 이해하고, 적극적으로 마케팅에 활용해야 한다.

전경수 문화인류학자가 쓴 『똥이 자원이다』라는 책이 있다. 제주도의 똥돼지에게는 똥이 식량이다. 인도에서는 쇠똥을 연료로 사용해 왔다. 자연생태계의 순환을 통해 인류는 생존해 왔고, 지혜를 배워 왔다.

똥은 일반인에게는 불결하고 치워버려야 할 쓸모없는 것이지만, 인류학자의 눈에는 귀중한 자원으로 보이는 것이다. 냄새나고 더러운 사물로서의 똥을 생각하지 말고, 환경 순환의 중심에 서 있는 창조적 요소의 관점에서 바라보면 마케팅에 대한 새로운 통찰력을 얻을 수 있다.

똥이라는 자원을 그린 마케팅에 융합해 보라. 똥이 자원으로 여겨
진다면 블루오션이 보일 것이다.

핵심 포인트 ●

환경 변화는 이제 기업 경영에 있어서 위협요인이 되었지만, 변화 속에
기회가 있다. 대체에너지 분야나 환경보호 분야에서 새로운 사업기회를
발견할 수 있으며, 미래 성장동력도 환경 변화 속에 존재한다.
생태계의 파괴, 환경오염, 온난화현상, 지진, 희귀병, 식량부족, 고유가
현상, 이들은 본질 상 하나의 축으로 연결되어 있다. 산업에서 지식정보
시대로의 이동이라는 변화의 축을 이해하고, 적극적으로 마케팅에 활용
하라. 누가 흐름을 읽고, 변화의 본질을 파악하는가에 따라 미래리더십
이 역전될 수 있다.

마케팅 카리스마
– 차별화差別化하지 말고 차등화差等化하라

끊임없이 진부화시키는 능력, 집단무의식의 통찰을 통한 정확한 상황 판단, 그리고 비전이 우리에게 필요하다. 그래야 유쾌한 카리스마가 생기고, 명품 등급으로 업그레이드 될 수 있다. 차별화의 좁은 개념을 넘어 차등화 전략으로 승화시켜 가야 한다.

스티브 잡스의 마법

카리스마하면 떠오르는 인물 중에 애플의 CEO 스티브 잡스가 있다. 그가 신상품을 발표하면 전 세계가 들끓는다. 애플 매니아도 점점 늘어나고 있다. 정말 잡스가 대단한 사람일까?

그것은 성공을 하면 모든 것을 미화해버리는 센세이셜리즘의 결과일지도 모른다. 그의 스토리를 읽어보면 고집 세고, 독선적이고, 같이 일하면 피곤할 것 같고, 별로 친하고 싶지 않은 인물이다. 갑자기 태도가 돌변하고 소리지르는 사람을 누가 좋아하겠는가? 그가 당시 경영진들과의 갈등 때문에 1985년 애플을 떠나게 되었던 것도 남들과 타협하지 못하고, 중용의 덕이 부족했기 때문인지도 모른다.

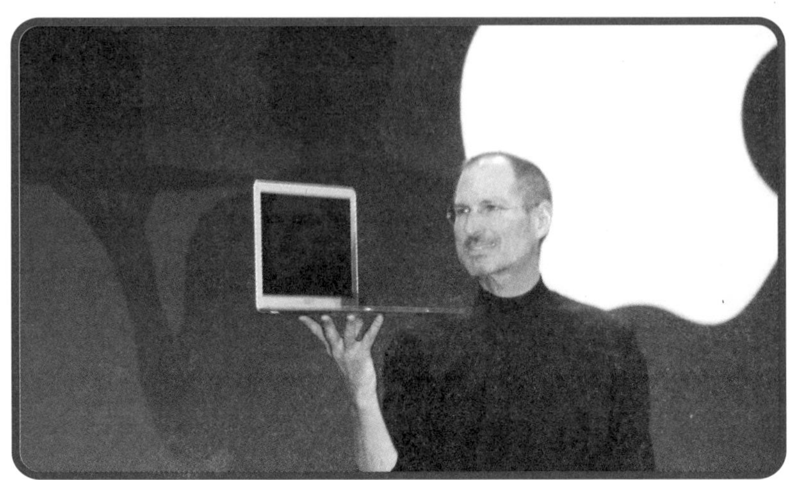

■ 스티브 잡스에 열광하는 이유는 무엇일까?

　그가 애플을 떠나면서 주식을 판 돈으로 창업한 넥스트와 픽사도 그리 성공적이지는 못했다. 1997년 애플이 넥스트를 인수하지 않았다면 그는 조용히 잊혀졌을지도 모른다.

　애플의 정책은 비호환적이고, 폐쇄적이다. 매킨토시의 운영체제 os와 소프트웨어는 IBM에서는 쓸 수 없고, 호환되는 고성능 프린터도 없었다. 잡스는 1984년 매킨토시가 처음 나왔을 때 냉각팬 소리가 거슬린다며 장착하지 않아 수시로 전원이 나가는 원인을 제공했었다.

　잡스는 마케팅 교과서의 논리로 보면 소비자의 니즈와 필요를 무시하는 마케팅의 '마' 자도 모르는 사람이다. 아이팟이나 아이폰, 아이패드가 시장에서 돌풍을 일으키고 있지만, 기존의 경쟁제품에 비해 아주 새로운 것도, 성능이 뛰어난 것도 아니며, 자세히 살펴보면

불완전한 요소가 많은 것을 알 수 있다.

그럼에도 불구하고 스티브 잡스에 열광하는 이유는 무엇일까? 내가 보는 관점은 사업에 대한 그의 진정성에 있다.

그는 매우 명쾌하다. 그에게는 자신의 꿈에 모든 것을 올인하는 진지함이 느껴진다. 그에게는 욕심부리지 않고 자신에게 주어진 핵심 역량 즉 카리스마를 단순화simplification시키는 능력이 있다. 2006년 스탠포드대 졸업식 축사에서 그가 마지막으로 던진 말, "Stay hungry, Stay foolish"에는 꿈에 대한 굶주림과 카리스마가 느껴진다.

 ## 주인이 왕이다

틈새라면으로 프랜차이즈 사업에 성공한 김복현 사장은 생각 뒤집기의 달인이다. 그의 어록은 참으로 신선하다. 사업하는 사람들은 '손님이 왕이다', 또는 '고객이 왕이다' 라고 하는데 그는 그렇게 생각하지 않는다고 했다. 그러면 어떻게? '주인이 왕이다' 라고 생각한단다.

명동에서 라면 가게를 시작한 그는 가게에 오는 손님들에게 이렇게 묻는다.

"왕이 만들어주는 음식이 좋은가, 아니면 종이 만들어주는 음식을 먹고 싶은가?"

대답은 들어 볼 필요도 없을 것이다. 자신은 그런 마인드로 라면을 끓이고 손님들에게 대접한다는 것이다. 가게에서는 김 사장의 라면 문화를 따라야 한다. "냅킨 좀 주세요"라고 말하면 들은 척도 하지 않는다. "입걸레 주세요"라고 말해야 한다. 단무지는 파인애플, 물은 오리방석이라고 불러야 한다. 틈새라면을 뜨게 만든 일등 공신인 '빨계떡'도 그의 작품이다. 빨갛고, 계란과 떡을 넣은 라면 메뉴의 이름이다.

한 주간지와의 인터뷰에서 '장사 철학이 무엇이냐'는 질문에 그는 이렇게 대답했다.

"욕심을 버리는 것이다. 돈을 벌려고 하면 오히려 달아난다. 자기가 좋아하는 물건을 다른 사람에게 파는 것이 장사다."_주간조선, 2004.9.14

그에게는 라면의 달인으로서의 유쾌한 카리스마가 느껴진다. 카리스마는 장인정신, 핵심 역량 등과 동의어라 할 수 있다. 그리스어 'kharisma'에서 기원한 이 말은 신이 선물한 그 사람만의 탤런트다. 틈새라면이 성공할 수 있었던 비결은 카리스마에 있었다.

마케팅 성공의 비결은 카리스마에 있다. 카리스마가 느껴져야 고객은 매료된다. 카리스마가 깃든 상품을 명품이라고 부른다. 따라서 명품으로 인정받기 위해서는 상품에 카리스마를 융합하는 노하우를 길러야 한다.

진부화의 달인을 만나다

첫 번째 비결은 진부화陳腐化 전략이다. 진부화obsolescence란 말 그대로 스스로 자사의 상품을 진부하게 부패시켜버리는 것이다.

1등 브랜드들이 마켓리더십을 유지하기 위해 가장 많이 애용하는 방법이 진부화 전략이다. 예를 들어, IT 업체들은 지속적인 기술 업그레이드를 통해 기존의 자사상품을 진부한 것으로 만들어 버린다. 이런 과정을 통해 부가 가치를 높여갈 뿐만 아니라, 경쟁사의 선제공격을 사전에 차단하면서 시장에서의 우위를 유지해갈 수 있는 것이다.

애플, 마이크로 소프트나 인텔 등이 세계적인 기업이 될 수 있었던 비결은 지속적인 자기진부화에 있었다. 지속적으로 업그레이드 버전을 출시하면서 1위 브랜드의 카리스마를 보여주었던 것이다.

이탈리아와 프랑스의 패션브랜드들이 오랜 기간 명품으로 등극할 수 있었던 것 역시 세계 패션 진앙지의 자리를 놓치지 않으면서 기존 유행을 진부화시키고 지속적으로 트렌드를 창출하고 파급시키는 전략에 있었다.

커피회사들이 경쟁상품과의 차별화를 생각하는 수준에 머물러 있을 때 스타벅스는 까페라떼 등의 새로운 커피메뉴를 개발했고, 테이크아웃 등의 문화를 창출하면서 기존의 커피들을 진부화시켜버렸다.

이러한 카리스마가 시애틀의 한 점포에서 시작된 스타벅스를 전 세계 수 천 개의 프랜차이즈를 거느린 글로벌 기업으로 성장시킬 수 있는 원동력이 되었다. 달인으로서의 카리스마 없이는 결코 롱런할 수도, 또 마켓리더가 될 수도 없다.

 ## 발효의 시간 더하기

홍어를 처음 먹는 사람은 '이런 걸 왜 먹나' 하는 생각을 갖게 된다. 암모니아 냄새가 역하고 썩은 느낌이 나는 음식을 맛있다고 먹는 것이 이해가 되지 않는다. 그러나 몇 번 먹어 본 사람들은 그 맛에 매료되고, 호남지방에서는 잔치에 빠져서는 안 되는 진귀한 음식으로 대접받는다.

그것은 홍어가 건강에 좋을 뿐만 아니라 맛에 카리스마가 살아있기 때문이다. 홍어에는 발효효소가 있어서 그 과정에서 발생하는 맛과 냄새가 사람들을 매료시킨다. 발효란 쉽게 말해 썩히는 것이다. 음식이 썩어서 악취가 나고 유해한 물질이 만들어지면 부패이고, 유용한 물질이 만들어지면 발효가 된다. 따라서 발효와 부패는 쌍둥이인 셈이다.

우리에게 오랫동안 사랑받고 있는 김치나 된장 등도 발효음식이다. 발효의 시간이 더해지면 맛의 카리스마가 살아난다. 그러고는 사람들을 사로잡는 명품이 된다. 발효가 마케팅 용어로 진부화인 셈이다.

밥과 술은 같은 재료에서 나온 결과물이다. 쌀을 익히면 밥이 되고, 빚으면 술이 된다. 그러나 차이점도 있다. 밥은 먹으면 배가 부른 정도지만 술은 취하게 된다. 밥은 쌀이 물리적 변화를 일으킨 결과라면 술은 화학적 변화라 할 수 있다.

이 비유는 청나라 오교가 '위로시화'에서 문文과 시詩의 차이점을 설명할 때 쓴 말이다.

"문文은 쌀을 익혀서炊 만든 밥飯에 비유할 수 있고, 시詩는 쌀을 빚어서釀 만든 술酒에 비유할 수 있다.文喻之炊而爲飯, 時喻之釀而爲酒"

기업들이 생산하는 상품에도 밥 같은 상품이 있고, 술 같은 상품이 있다. 밥은 그냥 익히면 되지만 쌀이 술로 변하려면 발효와 증류라는 과정을 한번 더 거쳐야 하듯, 술은 단순히 원재료를 가공하고 기술을 플러스하는 정도에 그치는 것이 아니라 그것에 화학적 변화를 일으키는 것이다.

이제 밥 같은 상품은 시장에 널려 있다. 기업들의 기술력이 비슷해지고 실력이 평준화되면서 밥 같은 상품으로는 더 이상 부가 가치를 기대하기 어렵고 레드오션에서 벗어나지 못한다. 블루오션으로 가기 위해서는 술 같은 상품으로 전환하는 새로운 마케팅 방식을 익히지 않으면 안 되는 것이다.

이젠 우리 기업들의 상품 품질도 세계적인 수준이 되었다. 20~30년 전만 하더라도 'Made in Korea'는 싸구려 이미지였지만, 이제는 그렇지 않다. 한국산은 특상품이다. 안타까운 점은 좋은 품질의 상품이 명품 브랜드로 승화되지 못한다는 것이다. 그 원인은 발효를 시키지 못했기 때문이다.

이것이 지식정보 시대가 요구하는 새로운 상품의 패러다임이다.

하드웨어 상품에 지식적인 요소들을 융합시킴으로써 새로운 차원으로 승화시키는 컨버전스 마케팅convergence marketing은 마치 쌀을 발효와 증류의 과정을 거쳐 술로 전환시키는 작업에 비유할 수 있다. 이러한 인고의 과정을 거치지 않고서는 블루오션에 갈 수도 없고, 우리 경제가 지식기반경제로 체질변화를 할 수도 없다. 과잉의 시대, 이미 고객들은 배부르다. 이젠 취하게 해야 한다.

발효의 시간을 더하라. 발효, 즉 자신의 제품이나 사업 모델을 스스로 부패시키면서 새로운 차원으로 업그레이드하는 진부화의 과정을 거쳐야 카리스마가 살아나면서 명품으로 거듭날 수 있다. 아깝다고, 부패가 두렵다고 진부화를 주저한다면 레드오션에서 점차 낮아지는 부가 가치를 견디지 못해 침몰하게 된다.

미국 디즈니사에는 발효 전문가들이 있다. 이매지니어imagineer; imagination+engineer라 불리는 이들은 번역하자면 상상공학자들이다. 디즈니랜드에 있는 롤러코스터 등이 모두 이들의 작품이다. '거꾸로 매달려서 달릴 수는 없을까' 하는 유쾌한 상상을 현실로 만든 엔지니어들이다.

이들은 끊임없이 상상하고 개발한다. 이들의 모토는 '어린이를 닮는 것, 새로움을 좇고, 놀라움을 찾아내고, 연결을 짓고, 장난을 즐기는 것'이다. 이러한 유쾌한 발효과학이 디즈니를 세계적인 기업으로 만든 비결이다.

 마케팅 컨버전스

카리스마를 가질 수 있는 두 번째 비결은 집단무의식을 통찰하는 데 있다. 대부분의 마케팅 교과서에는 마케팅을 고객의 욕구needs와 필요wants를 파악해서 충족시키는 경영행위라고 정의하고 있다. 그러나, 그것은 반쪽짜리에 불과하다. 더 의미있는 반쪽은 집단무의식을 통찰해서 고객을 리드하는 데 있다.

집단무의식collective unconscious은 심리학자 칼 융Carl. G. Jung이 말한 개념인데, 융은 그의 스승인 프로이드가 인간의 영혼은 의식과 무의식으로 나눌 수 있다고 한 데서 한발 더 나가서 무의식을 개인무의식과 집단무의식으로 구분하였다.

개인무의식이란 개인이 어릴 적부터 쌓아온 의식적인 경험이 무의식 속에 억압됨으로써 그 사람의 생각, 감정, 행동에 영향을 주는 데 비해, 집단무의식은 '옛 조상이 경험했던 의식이 쌓인 것으로 모든 사람들에게 공통된 정신의 바탕이며 경향'이 된다. 즉 오랜 기간을 거치면서 무의식에 누적되어 집단화되었다는 것이 융의 이론이다.

예를 들어, 사람들은 위인에 대해 외경심을 갖는다. 어릴 적에 누가 그렇게 하라고 말해주지도 않았고 학습한 것도 아닌데 무의식적으로 그런 감정을 갖는 것은 조상들이 경험했던 의식들이 유전되어 왔다는 것이다.

카리스마를 느끼는 것도 집단무의식의 일종이다. 그러므로 융은 집단무의식의 원형을 신화·전설·민담 등에서 찾았다.

집단무의식을 이해하는 것은 마케팅에 있어서 매우 중요하다. 이 동통신 시장을 예로 들어 보자.

최근 10여 년간 이동통신 시장은 엄청나게 성장했다. 처음에는 이동이 많고 바쁜 비즈니스맨들의 욕구와 필요needs & wants에 의해 휴대폰이 사용되기 시작했다. 그러나 초기에는 그런 니즈를 가진 시장 규모는 크지 않았다. 그런데 거기에 SK텔레콤011, 신세계통신 017, 한솔018 등이 뛰어들었다.

각 업체들마다 광고와 판촉행사를 벌이고 단말기를 무료로 지급 하는 이벤트 등을 하면서 이동통신에 대한 욕구와 필요가 없는 일 반인들도 가입하기 시작했다. 조금 지나 KTF016, LG텔레콤019이 가 세하고 업계의 구조조정이 이루어지면서 시장은 폭발적으로 성장 해 이제는 초등학생에서 노인에 이르기까지 휴대폰을 갖게 되었다.

이러한 확산은 집단무의식의 결과다. 사회 전반으로 확산되니 휴 대폰을 안 쓰면 시대에 뒤지고 소외될 것 같은 집단무의식이 시장 규모를 키우게 만든 원동력이 되었다. 이러한 현상은 소비자의 욕 구와 필요를 충족시켜주는 경영활동이 마케팅이라는 기존 개념으 로는 설명되지 않는다.

70년대 미원과 미풍의 싸움은 유명하다. 제일제당은 라이벌인 미 원의 아성을 깨뜨리지 못했다. 온갖 수단과 방법을 동원하고 신제 품도 쏟아냈지만 미원을 이겨낼 방법이 없었다.

그러다가 80년대 들어 제일제당이 승기를 잡는다. 그것은 '다시 다'였다. 다시다가 내세운 마케팅 콘셉트는 천연조미료였다. 미원 과 미풍은 합성조미료, 다시다는 천연조미료로 제품의 포지션을 이동시키면서 마켓리더로 부상하게 된 것이다.

조미료를 좁은 개념으로 보고 그 안에서 시장점유를 다툴 때는 이기지 못하다가 스스로를 진부화시키고 천연조미료로 고객들을 리드하자 1위 브랜드로 올라설 수 있었던 것이다.

고객들이 천연조미료를 만들어 달라고 했을까? 그렇지 않다. 시장의 흐름과 고객성향의 변화를 읽고 카리스마라는 집단무의식을 활용한 것이 다시다의 비결이었다.

소니와 포드사의 CEO들도 비슷한 생각을 했다.

"소니의 창업주인 아키오 모리타 회장은 새로운 아이디어를 조사하는 것은 어리석은 짓이라고 믿었다. 그는 '우리의 목표는 일반인들을 이끄는 것이다. 그들은 무엇이 가능한지 모른다.' 라고 말했다.
과거 단순한 생산라인 시대에서도 포드사의 결정은 시장조사를 통해서가 아니라 직관에 의한 것이었다. 그들은 '우리가 만일 일반인들에게 무엇을 원하냐고 물었다면 그들은 더 빠른 말이라고 대답했을 것이다' 라고 설명했다."_마티 뉴마이어, 브랜드 갭, 122-123쪽

고객의 욕구와 필요를 파악하지 말라는 얘기가 아니다. 또 결코 소비자 리서치가 불필요하다는 것도 아니다. 소비자 리서치는 마케팅에 있어서 반드시 거쳐야 할 기본적이며 필수적인 과정이다.

문제는 거기에 나타난 수치와 결과를 어떻게 해석하느냐에 달려 있는 것이다. 실제로 많은 마케터들이 오류를 범하고 있다. 고객의 집단무의식을 꿰뚫을 수 있는 통찰력 없이는 정확한 상황판단은 이루어질 수 없다.

앞에서도 언급했듯이 카리스마를 느끼는 것도 집단무의식의 한 형태다. 카리스마는 신화나 위인전 등에 투영되어 있는 정신의 원형原型이다. 그러므로 집단무의식을 통찰하고 마케팅에 활용하는 기업만이 시장을 리드하는 유쾌한 카리스마를 분출할 수 있다.

 탁 트인 시야를 보여 주라

카리스마를 갖기 위한 세 번째 비결은 비전vision에 있다. 즉 고객들에게 비전을 제시할 수 있는가 하는 점이다. 비전은 본다view는 의미다. 다시 말해 기업이 어떤 시야와 관점을 가지고 있는가에 따라 미래가 결정된다.

90년대 초, 에이스 침대는 '침대는 가구가 아닙니다' 라고 외치면서 1위 브랜드로 올라섰다. 침대는 가구를 구입할 때 사는 가구의 한 종류라는 기존의 통념을 깨뜨려 버린 것이다. 그러면서 침대를 과학의 관점에서 보는 새로운 시야를 고객들에게 제공해 주었다.

핀란드 사람들이 잠자기 전에 씹는다는 자일리톨 역시 일반인들의 고정관념을 불식시키면서 단숨에 마켓리더가 되었다. 고객들에게 새로운 세상을 보여준 것이다.

사람들은 새로운 시각을 갖게 되거나 새로운 사실을 깨달았을 때 통쾌함을 느낀다. 우리가 산 정상에 올라갔을 때 탁 트인 시야를 보면서 엔돌핀이 올라가는 것을 느끼고, 몰랐던 사실을 깨닫거나 발견했을 때 무릎을 탁 치는 것도 이런 이유 때문일 것이다.

새로운 시야를 갖게 해주고 자신의 미래를 보여주는 기업에서 고객들은 카리스마를 느끼고 매료된다. 이런 점에서 스티브 잡스가 보여주는 카리스마는 고객들을 압도한다. 그가 고객을 사로잡는 비결은 항상 미래를 보여주고 꿈꾸게 만들어준다는 점이다.

잭 웰치가 은퇴 후에도 여전히 영향력을 미치는 원인도 그의 비전에 있다. GE를 세계적인 기업으로 성장시킨 것은 에디슨이 만든 오리지널 전자회사라는 고정관념과 좁은 틀에 얽매이지 않고 끊임없이 도전하고 혁신을 추구한 결과다. 그것은 유쾌한 통찰력과 미래 예측력 없이는 불가능한 일이다.

디즈니랜드가 개장한 날, 기념식에서 월트 디즈니의 미망인이 한 말은 유명하다. 단상에 올라간 디즈니 부인에게 '남편이 오늘을 볼 수 있었으면 좋지 않았겠냐'고 묻는 기자들에게 이렇게 대답했다.

"그 분은 이미 보셨습니다."

비전의 힘은 이렇게 위대하다.

우리 기업들이 일류기업으로 점프업하고, 또 우리 경제가 산업화 패러다임을 벗고 지식기반경제로 가기 위해서는 마케팅 카리스마를 가져야 한다. 하드웨어는 이 정도면 충분하다. 문제는 소프트웨어에 있다.

끊임없이 진부화시키는 능력, 집단무의식의 통찰을 통한 정확한 상황 판단, 그리고 비전이 우리에게 필요하다. 그래야 유쾌한 카리스마가 생기고, 명품 등급으로 업그레이드될 수 있다. 차별화의 좁은 개념을 넘어 차등화하는 전략으로 승화시켜 가야 한다.

마법을 걸어라. 그것이 우리 경제의 체질을 바꾸고 일류사회로 우뚝 서는 길이다.

핵심 포인트

마케팅 성공의 비결은 카리스마에 있다. 카리스마가 느껴져야 고객들은 매료된다. 카리스마가 깃든 상품들을 명품이라고 부른다. 따라서 명품으로 인정받기 위해서는 상품에 카리스마를 융합하는 노하우를 길러야 한다.

끊임없이 진부화시키는 능력, 집단무의식의 통찰을 통한 정확한 상황 판단, 그리고 비전이 우리에게 필요하다. 그래야 유쾌한 카리스마가 생기고, 명품 등급으로 업그레이드 될 수 있다. 차별화의 좁은 개념을 넘어 차등화 전략으로 승화시켜 가야 한다.

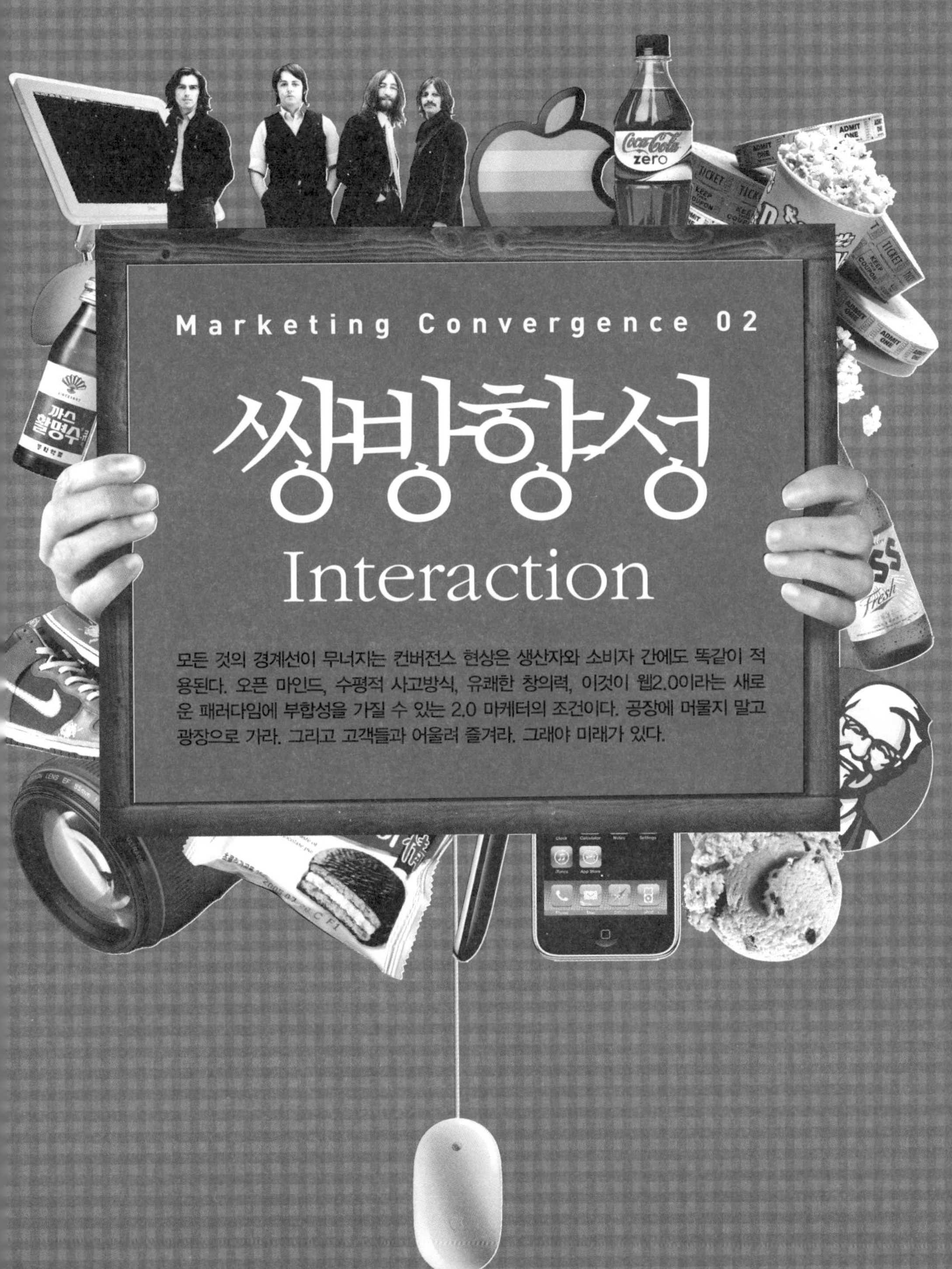

Marketing Convergence 02
쌍방향성
Interaction
모든 것의 경계선이 무너지는 컨버전스 현상은 생산자와 소비자 간에도 똑같이 적용된다. 오픈 마인드, 수평적 사고방식, 유쾌한 창의력, 이것이 웹2.0이라는 새로운 패러다임에 부합성을 가질 수 있는 2.0 마케터의 조건이다. 공장에 머물지 말고 광장으로 가라. 그리고 고객들과 어울려 즐겨라. 그래야 미래가 있다.

마케팅 2.0
– 공장에 머물지 말고 광장으로 나가라

마케터들이 머리를 송두리째 바꿔야 한다. 관념과 사고의 틀도 완전히 깨뜨리지 않고서는 새로운 부 창출공식을 이해할 수 없다. 이제는 기업을 고객에게 열어야 한다. 그리고 고객을 생산과정에 참여시키고 공동으로 가치를 만들어 가는 방식으로 전환해야 한다.

세대교체 : 브리태니커에서 위키피디아로

1995년, 미국의 주요 언론들은 백과사전계의 거인 브리태니커의 몰락을 대서특필했다. 회사를 개인 투자가에게 헐값에 매각하기로 이사회에서 결의한 것이다. 250년의 역사를 가진 브리태니커는 그렇게 사라져 갔다.

2001년, 지미 웨일스Jimmy Wales는 위키미디어 재단을 설립하면서, 전 세계 모든 사람들이 자유롭게 글을 쓸 수 있는 위키피디아Wikipedia라는 온라인 백과사전을 창시했다. 전문가만이 필자가 될 수 있었던 과거의 백과사전과는 달리 일반인들도 자신의 지식을 올릴 수 있는 참여형 집단지식 데이터베이스인 셈이다. 위키피디아는 광고로 수익을 올리지 않는다. 비영리로 운영하지만 이미 브랜드 가치는 엄청나다.

돈 탭스콧은 위키피디아가 새로운 경제문법을 만드는 과정을 보면서 '위키노믹스'Wikinomics; Wiki+economics라는 신조어를 만들어냈다. 그는 스마트 몹들이 인터넷을 통해 참여하고 협업하면서 가치를 만들어내는 새로운 비즈니스 패러다임이 앞으로의 경제 논리가 될 것이라고 내다봤다.

그는 레고Lego사의 마인드스톰이라는 지능형 로봇 블록장난감의 사례를 이렇게 소개하고 있다.

"블록장난감 제조업체인 레고는 1998년에 마인드스톰이란 지능형 로봇 블록장난감을 출시했다. 그런데 제품을 산 해커들이 프로그램을 마음대로 해킹하자 회사 측은 소송까지 고려했지만 고객 니즈의 적극적인 반영이란 관점에서 이를 용인했다.

결국 레고의 마인드스톰은 사용자 집단 커뮤니티의 적극적인 참여를 통해 제품 디자인, 프로그래밍 등을 발전시켜 성공을 이루었다. 이는 고객 주도의 혁신outside innovation, 위키노믹스Wikinomics, 크라우드 소싱crowd sourcing이 중요한 성공의 이유인데, 그 배경에는 전반적인 고객 지혜의 급성장 속에 주도형 소비자lead customer라는 새로운 사용자 계층이 전면적으로 부상하는 트렌드가 있었기 때문이다.

이들은 특정 제품에 대한 전문가급의 지식과 풍부한 사용자 경험을 바탕으로 해당 제품에 대한 새로운 해결책을 적극적으로 내놓는 고객 세그먼트를 의미한다. 레고가 이러한 소비자 주도 혁신을 정책적으로 실천하게 된 이유는 마인드스톰 해킹 사례를 통해 주도형

■ 사용자 집단 커뮤니티의 적극적인 참여를 통해 성공을 거둔 레고

소비자 세그먼트의 출현을 감지했기 때문이다. 이런 중요한 변화를 놓치지 않았다는 점과 이를 바로 실천으로 연결한 행동력이 성공을 이룬 비결이었다.”

 ## 코페르니쿠스적 전환 : 웹1.0에서 웹2.0으로

예전 같았으면 기업의 지적재산권을 해킹 당한다는 것은 용납될 수 없는 일이다. 회사의 기밀이 오픈되어서는 안 되며, 고객이 회사 안으로 들어오는 것은 막아야 할 일이었다. 그러나 레고의 인식 전환이 오히려 마인드스톰을 성공으로 이끌었다.

아이폰의 성공 비결은 지속적으로 강조하듯이 단순한 하드웨어에 있지 않았다. 아이튠즈와 앱스토어라는 컨텐츠 거래소가 없었다면 힘들었을 것이다. 그런데 앱스토어를 만들게 된 동기는 애플의 기획이 아니라 애플 매니어들이 아이튠즈를 해킹한 데서 시작되었다.

그들이 해킹한 이유는 자신들이 쓰고 싶은 프로그램을 아이폰에서 구동하기 위해서였다. 예를 들면, 아이폰의 대표적 예인 '위치 찾기' 프로그램이다. 결국 애플은 2008년 앱스토어를 열었고 이것이 아이폰을 성공으로 이끈 견인차가 되었다.

이러한 사례들이 상징하는 것은 기업이 폐쇄적이어서는 안 된다는 것이다. 지금까지 기업은 연구개발R&D의 비밀을 유지하면서 경쟁사에 비해 뛰어난 제품을 생산해서 판매하는 비즈니스 패러다임에 익숙해 있다.

그런데 기업을 오픈하고 고객들을 회사 안으로 끌어들인다는 것은 천동설을 굳게 믿고 있는 사람에게 지동설을 믿으라고 얘기하는 것과 같은 이치다. 다시 말해 '제품은 기업이 생산하는 것'이라는 기존의 가설을 송두리째 바꿔버리는 일이다.

이와 같은 발상의 전환은 기존 문법을 따랐던 마케터들에게 매우 낯설고 불편한 것이다. 또 이것을 실행에 옮기라고 해도 따라나서기가 쉽지 않다. 그러나 조금만 생각해 보면 새로운 비즈니스 문법이 새로운 마케팅 환경에 더 적합하다는 것을 알 수 있다.

브리태니커의 급작스런 몰락을 생각해 보라. 제품의 퀄리티가 좋고, 세일즈 잘 하고, 브랜드 이미지까지 끝내주는 비즈니스 성공에 필요한 세 가지 조건을 다 갖추고 있던 브리태니커였지만 새로운 경영환경에 적합성을 갖지 못한 공룡 신세가 되어버렸다.

환경 변화를 이길 장사는 없다. 인터넷의 출현, 웹 환경의 변화에 대처하지 못했던 브리태니커처럼 웹2.0 환경으로의 변화를 준비하지 못하는 기업은 몰락할 수밖에 없게 될 것이다. 웹1.0 환경 하에서 디딤돌 역할을 했던 성공의 법칙이 웹2.0 환경에서는 걸림돌이 될 수 있음을 명심해야 한다. 브리태니커의 몰락과 위키피디아의 성장은 웹2.0 환경으로 전환되고 있음을 상징하고 있다.

그렇다면 웹2.0 환경은 기존의 웹1.0과 어떻게 다른가?

 개방 : 폐쇄형에서 개방형으로

첫 번째 특징은 폐쇄형에서 개방형으로 달라지고 있는 점이다. 인터넷은 정보를 빠르고 효율적으로 주고받아야 하는 군사적인 필요성 때문에 연구되기 시작했다. 자연스럽게 초기에는 폐쇄적으로 군사기밀을 유지해야 했다. 가장 초기의 형태가 이메일이다. 그러던 것이 전 세계를 거미줄처럼 연결하는 월드와이드웹www으로 발전하면서 일반인들도 널리 사용할 수 있도록 진화한 것이다. 이것이 웹1.0 세대다.

기존의 웹1.0에서는 이메일, 게시판, 홈페이지 등 폐쇄형 채널 위주로 정보가 흘러갔다면 웹2.0에서는 블로그나 위키피디아, 트위터, 소셜 네트워킹social networking 등 개방형 채널을 통해 정보가 만들어지고 유통된다.

기존의 웹 환경에서는 포털의 지위를 차지하는 것이 중요했다. 문門지방을 의미하는 포털portal은 고객들이 인터넷에 접속하는 관문이었기 때문이다. 이때에는 온라인 세계로 들어오는 길목을 잡는 것이 비즈니스 성공의 요체였다. 오프라인에서도 목이 좋아야 땅값도 비싸고 장사도 잘 되듯이 말이다. 그래서 이메일 계정도 공짜로 주고, 메신저도 무료로 쓸 수 있게 해주고, 게시판으로 사람들을 끌어들이는 마케팅 노력들을 해온 것이다.

그러나 웹2.0은 포털 위주가 아니다. 새로운 환경에서 웹은 플랫폼이 된다. 플랫폼platform이란 말 그대로 사람들이 차를 타고 내리기 위해 모이는 승강장이다. 즉 웹2.0은 하나의 거대한 광장이 되는 셈이다.

이제 스마트 미디어를 보유한 사람들은 정보를 찾기 위해 포털로 가는 것이 아니라 광장으로 모이는 변화가 일어나고 있다. 정보를 찾기 위해 인터넷 서핑을 할 필요가 없어졌다. 검색어만 입력하면 검색엔진이 다 찾아서 갖다 바치기 때문이다.

대형포털의 중요성이 떨어질 수밖에 없고, 구글이나 위키피디아 등이 부상하면서 포털사이트와 검색사이트가 역전되는 현상이 이러한 웹 환경의 변화에 있는 것이다.

요약하자면, 포털에서 플랫폼으로, 서핑에서 검색으로의 이동이 웹2.0의 중요한 특징이다.

 ## 참여 : 일방통행에서 쌍방향통행으로

둘째, 웹1.0에서 2.0으로의 변화는 일방향성에서 쌍방향성으로 달라지고 있는 점이라 할 수 있다. 기존에는 전문가들이 정보의 생

산자 역할을 했다면, 웹2.0에서는 개인 누구나 정보의 생산자로 참
여할 수 있다. 마치 기업은 생산을 담당하고 소비자들은 소비만 했
던 것처럼 정보의 생산자와 유통자, 소비자도 분리되어 있었다.

앨빈 토플러가 예견했던 프로슈머prosumer; 생산자 'producer'와 소비자
'consumer'의 합성어로 생산과정에 참여하는 소비자를 의미의 등장이 현실화되고 있
듯이 웹 상에서도 생산자와 소비자의 경계가 허물어지면서 컨버전
스 현상이 일어나고 있는 것이다.

일반인들도 자신의 블로그에 정보를 올리고, UCCuser created
contents나 트위터 등을 통해 정보의 생산과 유통 과정에 참여할 수
있다. 또 앱스토어나 안드로이드 마켓과 같은 컨텐츠 장터를 통해
직거래도 가능하게 되었다. 매스미디어 시대에서 1인 미디어, 1인
방송국시대, 1인 비즈니스 시대로 달라지고 있다. 즉, 'I am a
medium', 'I am a broadcast', 'I am a business'가 되는 것이다.

 공유 : 정보 유통에서 정보 공동 생성으로

셋째, 웹1.0과 2.0은 목적이 다르다. 웹1.0의 목적은 정보의 유통,
웹2.0의 목적은 정보의 공동 생성이다. 다른 말로 해서 웹1.0은 정
보 흐름의 효율성을 추구한 반면, 웹2.0은 그것을 넘어 집단지성의
시너지를 추구하는 것이다.

기술의 발달은 정보 흐름의 효율성을 기본적인 것으로 만들어 버
렸다. 이제 중요한 것은 웹을 통해 새로운 가치를 생성하고 공유하
는 것이다. 웹은 하나의 거대한 데이터베이스로 변해가고 있다.

웹 환경의 변화는 도로상황이 달라지는 것에 비유할 수 있다. 기존의 비포장 골목길이 어느 날 정비되어 자동차가 다닐 수 있게 된 것이 바로 인터넷의 등장이다. 그러면서 큰길대중매체로만 다닐 필요가 없어졌고, 집 앞의 도로로 곧장 가는 것이 효율을 높이는 지름길로 변한 것이다. 그런데 처음에는 일방통행one-way만 가능했으나 2차선two-way으로 확장되어 편리하게 되었다. 이것이 웹2.0으로의 변화라고 할 수 있다.

곳곳에 넓은 도로들이 늘어나면서 지도가 달라지기 시작했다. 과거에는 도로 기능만 하던 것이 점점 광장플랫폼 역할을 겸하게 된 것이다. 도로와 광장이 경계선이 없어지면서 컨버전스 현상이 일어나고 있다. 그것이 웹2.0의 실체다.

도로가 달라지고 지도가 변하면 기존의 운전 방식은 사고를 자초할 뿐이다. 교통법규도 달라졌기 때문에 새로운 룰을 익혀야 한다. 이것이 새로운 웹2.0 환경에 적응해야 하는 이유다.

웹2.0 환경에서는 마케팅 방식도 달라져야 한다. 마케터의 생각부터 새로워져야 한다. 예전에는 공장에서 제품을 생산하고 도로를 이용해 유통시켜서 소비자에게 판매하는 방식이었지만, 이제는 광장에 모여서 고객들과 함께 제품을 의논하고, 함께 생산하고, 함께 축제를 벌이는 방식으로 바꿔야 한다는 말이다.

 **사물의 경제 논리에서 정보의 경제 논리로**

위의 말들이 맞는 것 같은데, 문제는 그런 식으로 해서 돈을 벌 수

있겠냐는 것이다. 위키피디아도 돈 한 푼 안 벌고, 오히려 운영자금을 지원받고 있지 않은가? 자신의 시간과 돈을 써가면서 적극적으로 블로그를 운영하는 사람들도 그것을 통해 얻어지는 수입이 없지 않은가?

자기가 좋아서 하는 것을 비즈니스라고 할 수 있을까? 그렇다면 이들이 바보가 아닌 것은 분명한데, 무엇을 보고 있는 것일까?

이것이 많은 마케터가 안고 있는 딜레마다. 기존의 방식은 부가가치가 점점 떨어지고 한계상황에 부딪히면서 레드오션으로 변하고 있음이 느껴진다. 그러나 블루오션으로 가는 방법이라고 얘기하는 마케팅2.0 방식은 수익구조가 애매하다. 이럴 수도 저럴 수도 없는 것이 현 상황이다.

이러한 모순을 보스턴 컨설팅그룹의 에번스와 워스터는 '사물의 경제 논리'와 '정보의 경제 논리'의 차이로 설명하고 있다. 사물의 경제 논리란 기업이 원재료를 구입해서 제품을 생산하고 그것을 시장으로 유통시키고 광고판촉 등을 통해 소비자에게 판매함으로써 돈을 버는 비즈니스 방식을 의미한다. 여기서는 마진 곱하기 판매수량이 수익이 된다. 이것은 하드웨어 중심적이고, 생산자로부터 소비자에게로 일방향이면서 단계별로 가치가 부가되는 방식이다.

이러한 사물의 경제 논리는 산업화 시대에 강력한 힘을 발휘했다. 기업들은 대량생산한 제품을 대량으로 유통시키고, 대량매체매스컴를 통해 대량커뮤니케이션 함으로써 규모의 경제성을 확보할 수 있었다. 이러한 방식을 따랐던 기업들은 현재 대기업으로 성장했고 또 마켓리더십도 누리고 있다. 브리태니커도 이와 같은 비즈니스 패러다임에 편승했기 때문에 백과사전 시장을 석권할 수 있었다.

그런데 인터넷이 등장하고 진화를 거듭하면서 '정보의 경제 논리'가 새로운 힘을 얻게 된 것이다. 인터넷이 등장하기 전에는 정보가 흐를 수 있는 채널이 매스컴이나 시장 유통으로 한정되었기 때문에 정보의 경제 논리가 미약했고, 당연한 결과로 사물의 경제 논리와 묶여서 함께 갈 수밖에 없었다.

정보의 경제 논리에 힘을 실어주는 혁명적인 변화를 일으킨 것이 인터넷이다. 증기엔진이 산업혁명을 일으킨 것에 비견해서 인터넷을 정보혁명이라고 부르는 이유도 여기에 있다. 그러면서 정보의 경제 논리는 사물의 경제 논리와 결별하면서 힘의 역전현상이 일어나고 있다. 정보의 경제 논리는 웹2.0의 특징인 참여와 개방과 공유로 산업화 시대의 비즈니스 패러다임에 반反하는 것이다.

변화를 예측하는 미래학자들의 목소리는 한결같이 '산업화 시대에 먹혔던 사물의 경제 논리로는 더 이상 큰 가치를 창출할 수 없게 될 것'이라고 강조하고 있다. 이제는 참여와 개방과 공유라는 정보의 경제 논리를 따라야 돈도 벌 수 있고, 비즈니스도 성공할 수 있다는 점을 이구동성으로 강조하고 있다. 세 명의 이야기를 들어보자.

"정보의 경제 논리와 사물의 경제 논리는 마치 2인3각 선수의 다리처럼 묶여 있었다. … 지금까지는 정보의 경제 논리와 사물의 경제 논리가 근본적으로 다름에도 불구하고 함께 움직여야 했고 따라서 서로 타협할 수밖에 없었지만, 이제 각각의 논리를 따를 수 있게 됨에 따라 억압된 경제적 가치를 창출할 수 있게 되었다. 이처럼 새롭게 창출되

 마케팅 컨버전스

는 가치는 엄청날 것이다."_Phillip Evans & Thomas S. Wurster, 기업해체와 인터넷혁명

이들은 정보의 경제 논리에 따라 비즈니스를 한다면 예기치 못한 가치가 창출될 수 있다고 역설한다. 알파 블로거들이나 위키피디아가 보고 있는 미래의 가치가 바로 이것이다. 정보의 경제 논리가 만들어내는 가치는 마진에 수량을 곱하는 정도가 아니라는 얘기다. 이것은 돈 탭스콧이 말한 위키노믹스의 논리이기도 하다.

 자본기반 사업에서 지식기반 사업으로

앨빈 토플러도 『권력이동』에서 '새로운 부 창출체제'의 출현을 예측했다. 산업화 시대는 자본, 토지, 노동 등이 부 창출의 원천이었지만, 제3의 물결이 오면서 지식시대에는 지식과 기호가 가치의 중심에 서는 비즈니스 패러다임으로 바뀔 것이라고 주장했다.

"생산의 개념은 지금 저지식 경제학 학자나 이론가들이 상상했던 것보다 훨씬 더 포괄적인 과정으로 재정의되고 있다. … 새로운 경제에서 가치는 전체 과정 내의 개별적 단계에서 이루어지는 것이 아니라 총체적 노력에 의해 이루어진다. 더욱 중요한 것은 소비자도 가치를 부가한다는 점이다."_권력이동, 115-116쪽

이것은 지금까지의 교환경제 시스템 내에서 사업하던 방식의 종

말을 의미한다. 또한 이것은 단계별, 순차적 가치 사슬의 붕괴를 의미하기도 한다. 생산양식의 혁명적인 전환이 몰려오고 있다. 그의 얘기에 조금만 더 귀를 기울여보자.

> "자본을 조달하고, 원료를 획득하고, 근로자를 모집하고, 기술을 배치하고, 광고를 하고, 제품을 판매 유통시키는 모든 활동이 순차적인 것으로 또는 서로 독립적 별개로 이해되었다. 단속성이 아닌 통합, 순차적 단계가 아닌 실시간적인 동시성, 이런 것들이 새로운 생산 패러다임의 바탕에 깔려 있는 가설들이다."_권력이동

이것은 현재의 산업시스템에 대한 근본적인 가정을 뒤흔드는 말이다. 기업은 가치제품를 만들고 소비자는 그것을 교환하는 교환경제시스템의 사상도 부정하는 말이다. 이것은 혁명이다.

 공장 시야에서 광장 시야로

프라할라드 교수도 『경쟁의 미래』에서 똑같은 말을 하고 있다.

> "우리는 가치와 가치창출에 대한 전통적인 의미에 얽매이지 않는다. 기존 가치란 회사가 창출하는 것이고, 이렇게 창출된 가치가 소비자와 교환되는 것이었다. 하지만 우리는 소비자와 기업이 공동의 노력을 통해 그 소비자에게 고유한 맞춤식 경험을 제공함으로써 가치를 공동창출co-creating한다고 생각한다. … 기업이 일방적으로 생각하고

여러 사람의 애기를 반복적으로 강조하는 것은 너무나 중요한 문제이기 때문이다. 이것을 모르고서는 결단코, 미래는 없다. 지금 구글이나 애플, 마이크로 소프트 등 미래를 보는 기업들의 노림수가 바로 여기에 있다.

그들은 제품을 많이 팔아서 수익을 챙기는 정도가 아니라 정보의 경제 논리로 판 자체의 주도권을 장악하면서 거기서 창출되는 가치를 챙기겠다는 생각이다. 이것이 좀도둑과 '큰 도적'의 차이다.

우리 기업들이 놓치고 있는 것이 바로 이것이다. 마케터들이 머리를 송두리째 바꿔야 한다. 관념과 사고의 틀도 완전히 깨뜨리지 않고서는 새로운 부 창출공식을 이해할 수 없다. 이제는 기업을 고객에게 열어야 한다. 그리고 고객을 생산과정에 참여시키고 공동으로 가치를 만들어 가는 방식으로 전환해야 한다.

그렇다면 고객을 공장 안으로 들이라는 얘기인가? 개개인과 접촉을 하고 맞춤화하려면 생산성이 떨어져서 수익률이 낮아지지 않겠는가? 이런 생각이 든다면 아직도 당신은 제품의 정의를 '공장 안 시각'으로 보고 있다.

제품의 개념을 사물하드웨어로 인식하지 말고 고객이 원하는 총체적 가치라는 넓은 시야에서 본다면 해법을 발견할 수 있다. 즉 고객은 단지 제품사물을 사는 것이 아니라 즐거움, 놀라움, 색다름, 환상, 경험과 감동 등 솔루션사물+정보을 사는 것이라는 정보적 경제 논리의 관점으로 바꿔야 한다는 얘기다.

이제, 제품은 공장에서 만드는 게 아니라 광장에서 만들어진다. 체험 마케팅, 감성 마케팅, 펀 마케팅 등이 이슈화되는 배경도 여기에 있다. 웹2.0 환경으로 가면서 '고객에게 판다' 가 아니라 '고객과 함께 만든다' 로 마케팅 모델이 달라져야 한다. 그러다 보면 개인맞춤화fitting는 고객이 알아서 스스로 해낸다. 이것이야말로 힘 안 들이고 무거운 물체를 들어올리는 지렛대효과가 아니겠는가?

또한 많은 정보를 오픈하라. 구글이 검색엔진, 지도, 모바일 플랫폼 등을 만들어 판매하지 않고 무료로 오픈한 것이나, 애플이 아이폰용 소프트웨어 개발도구를 오픈한 이유는 그들이 생산해서 판매한다는 사물의 경제 논리에 머물지 않기 때문이다. 지렛대원리를 이용한 퀄컴이나 인텔의 경우를 생각해 보라.

이젠 마케터들이 유쾌하게 자유로워야 한다. 제품을 퀄리티있게 만들고 경쟁사와 싸우는 식의 경제 논리를 머릿속에서 지울 필요가 있다. 이제 경쟁 따위는 없다. 당신 회사의 적은 지금까지 경쟁사라고 생각했던 같은 업종의 회사가 결코 아니다.

경쟁이 심해서 망하는 회사는 없다. 그건 핑계일 뿐이다. 또한 제품의 퀄리티는 고객이 결정한다. 좋은 품질이란 하자율이 낮고 고장이 안 나는 것이 아니다. 품질이란 고객이 만족하는 정도다.

웹2.0은 고객들의 정보력과 지식 수준을 엄청나게 끌어올리고 있다. 과거처럼 고객을 낮게 보아서도, 설교하려 해서도 안 된다. 또 그들에게 무언가를 숨기려 하지도 마라. 모든 것을 공유하겠다는 열린 생각을 가져야 한다.

모든 것의 경계선이 무너지는 컨버전스 현상은 생산자와 소비자

간에도 똑같이 적용된다. 오픈 마인드, 수평적 사고방식, 유쾌한 창
의력, 이것이 웹2.0이라는 새로운 패러다임에 적합성을 가지는 2.0
마케터의 조건이다.

　공장에 머물지 말고 광장으로 가라. 그리고 고객들과 어울려 즐겨
라. 그래야 미래가 있다.

핵심 포인트

환경 변화를 이길 장사는 없다. 인터넷의 출현, 웹 환경의 변화에 대처
하지 못했던 브리태니커처럼 웹2.0 환경으로의 변화를 준비하지 못하는
기업은 몰락할 수밖에 없게 될 것이다. 웹1.0 환경 하에서 디딤돌 역할
을 했던 성공의 법칙이 웹2.0 환경에서는 걸림돌이 될 수 있음을 명심
해야 한다. 웹2.0은 고객들의 정보력과 지식 수준을 엄청나게 끌어올리
고 있다. 과거처럼 고객을 낮게 보아서도, 설교하려 해서도 안 된다. 또
그들에게 무언가를 숨기려 하지도 마라. 모든 것을 공유하겠다는 열린
생각을 가져야 한다.

커뮤니티 마케팅
– 떠오르는 대륙, 커뮤니티에 목숨 걸어라

커뮤니티는 신대륙과 같다. 그 곳에는 새로운 기회가 잠재되어 있으며, 상상치 못할 정도의 가치가 숨겨져 있다. 사람들은 골드러시를 이루며 그곳으로 달려 갈 것이다. 누가 그것을 먼저 보고 선점하느냐에 기업의 미래가 달려 있다.

집단 본능

동물의 왕국은 언제 봐도 재미있다. 동물들의 움직임이나 살아가는 모습을 보면 신기하기도 하고 인간이 살면서 배울 만한 지혜도 많다. 예를 들어, 철새들이 떼를 지어 이동하는 것을 보면 V자를 유지하는데 '어떻게 저렇게 할 수 있을까' 라는 탄성이 절로 나오기도 한다. 또 앞의 새와 뒤의 새가 번갈아 가면서 앞서거니 뒤서거니 한다. 그래야 무리가 지치지 않고 일정한 속도를 유지할 수 있단다.

지진이 올 것을 감지한 쥐들은 미리 안전한 곳으로 대피한다. 사람은 느끼지 못하는데 동물들은 다가올 위험에 대한 감지능력이 뛰어난 면이 있다. 지능이 낮은 동물이 어떻게 그렇게 할 수 있을까?

동물에게는 본능이 있다. 집단본능이 동물의 세계를 지탱하게 만드는 것이다.

인간에게도 집단본능이 있다. 심리학자 칼 융C. G. Jung은 그것을 집단무의식이라 명명했다. 의식적으로 행동하지 않는데 전체적으로 보면 일정한 행동패턴을 보이는 것이다.

'이동'은 대표적인 집단무의식이다. 다가오는 변화를 의식적으로 감지한 것도 아니고 깨달은 것도 아닌데, 본능적으로 느껴서 무의식적으로 행동하게 되는 것이다.

 ## 커뮤니티로의 이동 본능

지금 이 순간에도 보이지 않는 이동이 일어나고 있다. 그것은 커뮤니티community로의 이동이다. 매일 많은 사람들이 온라인 사이트나 모임에 수도 없이 회원으로 가입하며, 인맥을 형성하기 위한 커뮤니티에도 열심이다. 개인블로그나 미니홈피, 또한 몇 년 전부터 시작된 트위터의 성장속도는 가파르다. 또 각종 동호회와 매우 다양한 성격의 카페들 역시 호황을 누리고 있다.

과거에는 학교, 직장, 동창, 교회 등의 단체 정도에 속하는 것이 대부분이었다. 좀 더 활동적인 사람은 동호회나 사적 모임을 추가하는 정도였다. 그러나 이제는 개인이 속해 있는 커뮤니티의 숫자도 늘었을 뿐만 아니라 커뮤니케이션의 양도 기하급수적으로 증가하고 있다. 뚜렷하게 커뮤니티로의 이동 현상이 나타난다.

일부 블로거blogger들은 자신의 블로그를 운영하는 데 엄청난 시간과 열정을 투자한다. 직장보다 블로그에 목숨거는 사람도 많다. 블로그를 운영한다는 것은 결코 쉬운 일이 아니다. 계속 새로운 컨텐츠를 올려야 하고 댓글도 달아야 한다. 그렇다고 해서 당장 큰 수익이 생기는 것도 아니다. 그럼에도 불구하고 개인 생활이 없을 정도로 블로그에 집착하는 이유는 무엇일까?

뉴스위크지는 알파 블로거에 대한 기사를 다음과 같이 소개했다.

"그렇다면 알파 블로거들은 누구인가. 그들을 고용하거나 임명한 사람은 없다. 블로그를 시작하기 위해 필요한 것은 값싼 소프트웨어와 자신의 확고한 의견뿐이다. 블로그에는 매일 수많은 의견이 올라오지만 그 중에서도 몇몇 목소리는 유독 눈에 띄기 시작한다. 물론 하버드대에서 1년에 걸쳐 블로그 커뮤니티를 구축한 초기 블로그 선도자 데이브 와이너처럼 블로그를 시작하기 전부터 유명했던 사람들도 있다. 그러나 인기 블로그를 운영한 덕에 자신의 이름 자체가 하나의 브랜드화 돼버린 리눅스 저널의 편집자 닥 설스나 블로깅의 바이블 『우리가 곧 미디어We the Media』라는 책을 쓴 댄 길모 같은 사람들이 훨씬 더 많다.

나머지 사람들은 글쓰는 실력, 끊임없는 호기심, 기막힌 본능, 엄청난 노력 등으로 무장한 채 완전한 무명으로 시작해 커뮤니티 거물 대열에 합류한다. 그런 일은 알파 블로거가 참신한 초짜 블로그 하나를 발굴해 자신의 블로그와 링크했을 경우에 일어난다. 그런 경우 그 초짜는 순식간에 유명인이 된다. 자신의 게시물 하나가 알파 블로거의 눈에 들기 전까지는 완전히 무명이었던 로버트 스코블에게 물어 보라. 그는 '그로부터 2주 안에 나는 스티브 워즈니액의 수퍼보울 파티에

 마케팅 컨버전스

이들은 새로운 기회를 노리고 있다. 매스미디어가 언론을 장악하고 있던 산업화 시대에서는 개인의 글이나 의견을 말할 수 있는 기회가 원천적으로 제한되어 있었다. 재능이 뛰어나고 실력이 있어도 그것을 발휘하기란 어려운 일이었다. 그런데 사이버라는 새로운 세상이 열리면서 이제는 개인이 순식간에 유명인사가 될 수 있는 기회가 생겨나고 있는 것이다.

위의 기사에서 언급된 로버트 스코블은 개인 블로그인 '스코블라이저Scoblizer'를 통해 자신이 속해있던 NEC에 대한 비판까지도 서슴지 않는 솔직한 글로 지명도를 얻은 사람이다. 그는 마이크로 소프트의 대외 PR 담당임원으로 스카우트되었다.

블로거들이 순식간에 유명인사가 되는 경우는 국내에서도 종종 일어나고 있다. 예를 들어, 요리를 좋아해서 요리 블로그를 운영하던 블로거가 그 컨텐츠를 묶어서 책으로 출판하고, 방송 등에서 강의도 하고, CF 모델로도 나오면서 스타로 부상하고 있다.

블로그에 목숨 거는 알파 블로거들이 느끼는 것은 앞으로 커뮤니티가 가치 중심으로 부상하게 되리라는 것이다. 쉽게 말해서 커뮤니티가 돈이 된다는 생각이다.

몇 십 년 전만 하더라도 눈에 보이지 않던 브랜드가 기업의 유형자산보다 더 큰 가치를 인정받게 되리라고 예측할 수 있었겠는가? 그것을 깨닫고 브랜드 경영에 투자한 기업들은 현재 높은 브랜드 가치를 누리고 있다.

마찬가지로 가까운 미래에 커뮤니티는 예상치 못할 정도의 가치를 인정받게 될 것이다. 지금도 기업의 인수합병시 기업가치 산정을 '회원 수 곱하기 단가' 로 하는 사례가 많지만, 높은 회원충성도와 결속력과 지속적인 수익창출모델을 가지고 있는 커뮤니티의 가치는 상상을 초월한다.

 ## 커뮤니티가 유통과 미디어를 대체한다

왜 커뮤니티가 이렇게 중요해질까? 그 이유는 커뮤니티가 비즈니스의 길목을 선점하기 때문이다. 산업화 경제시스템에서 비즈니스의 길목을 잡은 건 유통채널_{시장}과 미디어채널이었다. 즉 산업혁명의 결과 생산자와 소비자가 분리되었고, 둘을 연결시켜주는 파이프라인이 중요한 역할을 할 수밖에 없었는데, 눈에 보이는 사물_{제품}이 흘러가는 게 유통채널이고, 눈에 보이지 않는 정보가 흘러가는 게 미디어다.

생산자가 아무리 좋은 제품을 만들어도 유통채널을 뚫지 못하면 소비자에게 갈 수 없다. 또 언로_{言路}가 막히면 소비자에게 메시지를 전달할 방법이 없다. 따라서 기업들은 유통과 미디어를 장악하기 위한 노력을 기울일 수밖에 없었던 것이다.

그런데 지식정보 시대로 이행하면서 커뮤니티가 그 길목을 잡아가고 있다. 실제로 커뮤니티가 유통채널의 기능을 대체해 가는 경우가 늘어나고 있다. 커뮤니티 내에서 직거래가 이루어지고, 커뮤니티가 공동구매자가 되기도 한다. 커뮤니티가 거대한 유통채널로 진화하고 있는 셈이다.

또 커뮤니티는 미디어로서의 영향력도 커지고 있다. 아직까지는 TV나 신문, 라디오, 잡지 등 매스커뮤니케이션의 힘이 남아있는 것처럼 보이지만 커뮤니티로 힘의 이동power shift이 일어나고 있음을 깨달아야 한다.

강한 유대감을 형성하고 있는 커뮤니티의 말 한마디, 글 한 줄은 TV나 신문의 논설보다 영향력이 있다. 커뮤니티가 대통령도 만들어내는 것을 목도하지 않았는가?

일반인들도 정보와 컨텐츠를 생산해낸다. 뉴스게릴라들은 기자들보다 빠르고 현장감과 전문성도 갖추고 있다. 미국의 911 테러 당시 누가 먼저 보도했는지를 생각해 보라. UCCuser created contents 역시 개인방송의 시발점이다. 아직은 마이너리티처럼 보이는 이 커뮤니티들은 하나의 거대한 흐름을 형성해 가고 있으며, 조만간 매스컴과 힘의 역전이 일어나게 될 것이다. 알파 블로거인 댄 길모어가 'We the media우리가 미디어다' 라고 주장하는 데에는 그러한 자신감이 배어있다.

이렇듯 커뮤니티는 비즈니스의 길목을 잡으면서 가치 사슬의 중심부에 위치하게 될 것이다. 그런데 더 중요한 것은 단지 비즈니스의 길목을 잡는데 그치지 않고, 비즈니스의 심장역할을 하게 되리라는 것이다. 커뮤니티가 생산자로서 기업의 역할을 대체할 수도 있다.

 커뮤니티가 심장이 된다

현재 기업의 형태와 구조는 산업혁명의 산물이다. 기업들은 조직organization을 이루어서 대량이라는 새로운 생산 패러다임에 대응해 왔다. 그러나 이와 같은 기업의 구조는 점차 해체의 길을 걷게 될 것이다.

향후 기업 구조는 조직이 아니라 워크네트work-net의 형태를 띨 가능성이 높다. 개인화한 스마트 미디어가 진화를 거듭하면서 일어나는 유비쿼터스 환경으로의 변화와 정보혁명은 시간적으로나 공간적으로 함께 모여서 일하는 것이 아니라, 누구나anybody 자신이 있는 곳에서anywhere 시간에 구애받지 않고anytime 일할 수 있는 환경을 가능하게 만들고 있기 때문이다.

이렇게 된다면 커뮤니티들은 서로가 네트워킹하면서 생산 활동과 유통과 커뮤니케이션을 담당할 수 있게 된다. 또 기업은 자신의 핵심 역량과 핵심 인원만 최소한으로 유지하면서 나머지는 외부의 전문 커뮤니티들과 워크네트해서 일하는 형태로 전환하게 될 것이다. 이것이 기업 내부인력을 일반 대중으로 대체하는 크라우드 소싱crowd sourcing이다. 이러한 방법은 이미 얼리어댑터라는 커뮤니티와 레인콤이 시도한 바 있다.

얼리어댑터는 컴퓨터나 MP3 등의 신제품이 나오면 먼저 써보고 평가를 하는 사이트다. 여기에서의 평가가 신제품의 성공과 실패를 가르는 중요한 변수가 된다는 것을 깨달은 레인콤은 아예 얼리어댑터를 인수했다. 그리고 이 커뮤니티를 신제품 개발과 홍보에 활용하고 있다. 얼리어댑터 커뮤니티는 신제품 아이디어도 내고 공모를

 마케팅 컨버전스

통해 디자인도 제공한다. 그리고 입소문 마케팅의 진원지가 되는 것이다.

회사들은 이제 소비자 커뮤니티를 찾아다닌다. 레지스 메케나가 소개하는 필립스사의 사례는 기업들이 신제품을 개발하거나 생산 과정에 소비자를 끌어들이려는 노력의 일면을 볼 수 있다.

> "필립스는 산업설계자, 능력있는 심리학자, 인류학자, 사회학자를 이동 밴에 실어 이탈리아, 프랑스, 네덜란드에 있는 커뮤니티로 보냈다. 그들은 전문가와 고객이 서로 새로운 가능성을 상상할 수 있는 대화의 자리를 마련했다. 필립스사는 모든 아이디어를 살펴보고, 그 범위를 좁혀 어린이를 위한 하나의 새로운 온라인 쌍방향적 제품으로 만들었다."_레지스 메케나, 실시간 마케팅

생산자와 소비자 간에도 경계선이 허물어지는 융합convergence이 일어나고 있다. 기존 산업화 시대의 가치 사슬이 붕괴되고 새로운 재편이 일어나면서 그 중심부로 커뮤니티가 들어서고 있는 중이다.

앞으로 커뮤니티를 놓치고서는 비즈니스 자체가 불가능해진다. 생산자가 생산해서 채널을 통해 소비자에게 판매하는 비즈니스 패러다임이 무너지고 있는 것을 간파해야 한다. 이제는 그런 방식이 아니라 커뮤니티를 형성하고 워크네트를 통해서 커뮤니티와 제휴를 맺어야 하고, 커뮤니티와 공동으로 비즈니스 하는 문법을 익혀야 한다는 말이다.

소비자를 분석해야 마케팅을 잘 한다는 강박관념에서 벗어나야 한다. 지금의 소비자들은 이미 분석할 수 있는 범위를 넘어서 있다.

시장구조가 다양화 단계를 넘어 개인화에 있기 am a market 때문이다. 이쯤 되면 분석해야 할 변수도 많아져서 비용효율성이 떨어지고, 평균을 구하는 것도 의미를 갖지 못한다. 소비자가 마케팅의 대상이라는 가설 자체를 바꿔야 하는 것이다.

이제는 기업들이 '소비자에게로'가 아니라 '소비자와 함께'라는 인식으로 전환해야 한다. 커뮤니티의 중요성을 깨닫고 투자를 아끼지 말아야 하는 것이다. 한마디로 커뮤니티에서 소비자와 함께 놀아야 한다.

 유쾌하게 놀면서 커뮤니티를 만들어라

자, 그렇다면 커뮤니티를 활용하는 마케팅 모델로 전환하려면 어떻게 해야 할까?

첫째는 고객 커뮤니티를 구축하는 단계다. 사실 지금도 많은 기업들이 회원을 확보하고 있으며, 매일 신규회원들이 가입하고 있다. 또 회사의 CRM 시스템에는 고객들의 정보가 들어있을 것이다. 그것은 필요조건이긴 하지만 충분조건은 아니다.

고객들의 활동이 없는 커뮤니티는 죽은 것이나 다름없다. 고객들이 매일 커뮤니티 안에 들어와서 놀기 위해서는 컨텐츠와 놀이도구들이 반드시 필요하다. 그와 같은 인프라를 갖추지 않은 커뮤니티는 마케팅 효과를 기대하기 어려울 수밖에 없다.

두 번째 단계는 컨텐츠contents와 컨넥션connection을 통해 커뮤니티를 활성화시키는 것이다. 이런 점을 잘 활용함으로써 성공을 거두

 마케팅 컨버전스

었던 사례가 싸이월드라는 것에 이의를 달 사람은 없을 것이다. 싸이월드는 고객들을 정보의 생산자로 참여시켰고, 모두가 자발적인 정보의 유통자가 될 수 있도록 구조화하는 데 성공했다.

기업은 자신들의 홈페이지가 갖추어져 있지만 싸이월드로 들어가지 않을 수 없다. 활성되지 않는 껍데기로는 커뮤니티 마케팅의 효과를 기대할 수 없기 때문이다. 오히려 싸이월드에서 고객의 눈높이로 도토리도 주고받으면서 그들과 놀고 즐기는 것이 더 효과적이라는 것을 깨달은 것이다. 정치인들도 계급장 떼고 싸이월드에서 커뮤니케이션하지 않고서는 국민의 지지를 얻기 어려운 상황으로 변모하고 있다.

검색엔진을 무기삼아 거대한 커뮤니티를 형성하고 고객들이 놀 수 있는 공간을 제공한 구글Google은 빌 게이츠가 가장 두려워하는 상대가 되었다. 또 전 세계 네티즌들을 집필자로 참여시키는 커뮤니티형 백과사전 위키피디아Wikipedia는 ‘위키노믹스Wikinomics’라는 새로운 경제 패러다임을 만들어냈다.

2005년 시작된 유튜브YouTube는 UCC 등의 동영상 커뮤니티다. 순수 아마추어들이 만든 이 회사는 불과 창업 1년 반 만에 16억5천만 달러의 가치를 인정받을 만큼 폭발적인 반향을 불러일으켰다. 이들의 성공요인은 ‘I am a cast내가 곧 방송국이다’를 실현해준 것에 있었다.

기존의 방송이 생산자로부터 소비자에게로 일방향으로 가는 수직적 구조였다면, 유튜브는 생산자와 소비자가 따로 없는 수평적 구조에 착안한 것이다. 일반인들이 스스로 들어와서 즐길 수 있는 공

■ 할리데이비슨은 HOG를 통해 새로운 문화를 제안하고 있다

간을 만들어준 것이 유튜브의 가치를 높혀 주었다.

또 기업이 반드시 주목해야 할 것은 블로그blog다. 블로그는 지속적인 진화를 거듭하고 있는데, 순식간에 당신의 사업을 변화시킬 수 있는 파워를 갖춰가고 있다. 블로그에 들어가서 고객들과 대화를 나누고 놀이를 즐기는 블로그 마케팅은 가장 위력적인 마케팅 수단이 될 것이며, 모바일 블로그라 할 수 있는 트위터Twitter는 지속적으로 확산되어 갈 것이다.

이제 기업들의 홈페이지도 커뮤니티형으로 진화해야 한다. 단순히 회사와 상품을 소개하는 전자카탈로그식의 사이트로는 안 된다. 고객들이 들어와서 놀고 즐기며 정보도 얻을 수 있도록 변해야 한다. 코카콜라가 코크플레이닷컴CokePlay.com 캠페인을 통해서 고객들에게 게임을 제공한 사례는 이러한 노력의 일환이다. 커뮤니티형 사이트가 되기 위해서는 많은 제휴와 네트워킹이 반드시 필요하다. 앞으로의 마케팅에서는 누가 이것을 잘하는가가 성패를 좌우하게 될 것이다.

그런데 커뮤니티 형성은 온라인에서만 필요한 일이 아니다. 오프라인 커뮤니티로 유명한 HOGHarley Owners Group는 할리데이비슨의 기둥 역할을 하고 있다. 정기적으로 만나 행사를 하고 축제를 여는 이들은 할리데이비슨의 충성도 높은 고객일 뿐만 아니라, 입소문 마케터들이고, HOG 커뮤니티의 가치가 할리데이비슨의 기업가치보다 높다는 말이 생길 정도로 가치 제고에 기여하는 숨은 주주들이다.

이러한 일이 하루아침에 일어났겠는가? 그렇지 않다. 할리데이비슨은 HOG를 위해 엄청난 투자를 했고, 지속적으로 고객들에게 새로운 문화와 라이프스타일을 제안하고 함께 즐기는 유쾌한 마케팅을 펼쳐왔던 것이다.

 ## 컨텐츠와 컨넥션을 융합하라

세 번째 단계는 커뮤니티를 유지하고 강화하는 것이다. 이것은 지속적인 혁신 없이는 불가능하다. 요즘과 같이 패러다임의 이동이 빠르고 IT 등의 기술혁신이 일어나면서 게임의 법칙이 급변하는 상황에서는 넓은 시야와 오픈마인드 없이는 성공을 유지하기 어렵다.

동창생을 찾아주는 컨텐츠로 한때 큰 성공을 거두었던 아이러브스쿨iloveschool은 그 명맥만 유지하고 있다. 비즈니스 모델을 업그레이드시키지 못했기 때문이다. 어디 이뿐이겠는가? 한때 유명세를 탔던 기업들이 잊혀지는 것은 함정에 빠지기 때문이다. 그 함정이란 근시안myopia에 빠질 수도 있고, 오픈마인드를 유지하지 못하고 집착과 고정에 사로잡힐 수도 있다.

원리는 동일하다. 커뮤니티 파워를 강화하기 위해서는 끊임없는 제휴와 네트워킹이 필요하다. 기존의 영역에 안주하지 말고 경계를 허물면서 컨텐츠의 융합, 컨넥션의 융합을 일으켜야 한다. 또한 경쟁이나 전쟁 등의 레드오션 논리에 빠지지 말고 고객과 함께 놀고 즐기는 마케팅을 펼쳐야 한다.

 ## 커뮤니티에 목숨 걸어라

커뮤니티는 신대륙과 같다. 그 곳에는 새로운 기회가 잠재되어 있으며, 상상치 못할 정도의 가치가 숨겨져 있다. 사람들은 골드러시를 이루며 그곳으로 달려 갈 것이다. 누가 그것을 먼저 보고 선점하느냐에 기업의 미래가 달려 있다.

그러나 대부분의 기업들은 그것을 깨닫지 못하고 있다. 아직도 차별된 좋은 품질의 제품을 생산해서 유통채널로 보내고 미디어채널을 통해 프로모션 하는 것, 그리고 타깃을 정하고 포지셔닝하는 것을 마케팅 불변의 법칙으로 오해하고 있다. 그러한 전쟁모드의 마케팅 패러다임으로는 절대로 레드오션에서 벗어날 수 없다.

기업들이 먼저 계급장을 떼고 고객의 눈높이로 낮아져야 한다. 이제 스마트 몹smart mob 고객들은 똑똑한 단계를 넘어서 무서워지고 있다. 더 이상 그들은 당신의 일방적인 프리젠테이션에 귀 기울이지 않는다. 그들이 원하는 것은 쌍방향적인 대화다. 고객과 함께 정보를 공유하고, 새로운 삶과 가치를 제공해 주면서 그들과 함께 유쾌한 마케팅을 펼쳐 가야 한다.

커뮤니티에 투자하라. 아니, 커뮤니티에 목숨을 걸어라. 그만한 가치가 충분하다. 요람 제리윈드의 다음의 충고는 반드시 새겨야 한다.

"커뮤니티들은 새로운 도시의 중심으로 자리잡고 있으며, 이러한 커뮤니티들과 상호작용하는 방법을 이해하지 못하는 기업은 소비자로부터 멀어지게 될 것이다. 이전까지 꿈의 구장 아이디어는 '만들어라, 그러면 그들이 올 것이다'였다. 그러나 지금은 다음의 개념으로 대체되었다. '함께 만들어라. 그러면 그들이 머물 것이다.'" _컨버전스 마케팅, 201, 382쪽

핵심 포인트

향후 기업의 구조는 조직이 아니라 워크네트work-net의 형태를 띨 가능성이 높다. 개인화한 스마트 미디어가 진화를 거듭하면서 일어나는 유비쿼터스 환경으로의 변화와 정보혁명은 시간적으로나 공간적으로 함께 모여서 일하는 것이 아니라, 누구나anybody 자신이 있는 곳에서anywher 시간에 구애받지 않고anytime 일할 수 있는 환경을 가능하게 만들고 있기 때문이다.

커뮤니티는 신대륙과 같다. 그 곳에는 새로운 기회가 잠재되어 있으며, 상상도 못할 정도의 가치가 숨겨져 있다. 사람들은 골드러시를 이루며 그곳으로 달려 갈 것이다. 누가 그것을 먼저 보고 선점하느냐에 기업의 미래가 달려 있다.

사이버 마케팅
– 사이버에서는 사이버 법을 따르라

사이버 세상에서는 모든 개인들이 적극적이고 주체적이다. 이들은 문만 열어주면 참여할 준비가 되어 있으며 공유하려는 마인드를 가질 수밖에 없게 되어 있다. 생산자에게서 소비자에게로의 일방향성이 아니라 쌍방향적으로 상호작용하는 것이 사이버 마케팅의 비결이다.

또 하나의 세상, 사이버

'사이버cyber'를 사전에서는 다음과 같이 정의 내리고 있다.

"Cyber란 단어는 캐나다의 공상과학 소설가 윌리엄 깁슨1948~이 그의 공상소설 노이로만서Neuromancer에서 처음 사용했다. '가상'이란 뜻도 있고 '공상'이란 의미도 포함한다. 요즘에는 컴퓨터 안이나 각 컴퓨터를 연결하는 네트워크망을 사이버로 포괄해 부른다. 사이버로 연결되는 공간을 사이버 스페이스Cyber Space 또는 사이버 월드Cyber World라 부른다. 즉 사이버 월드는 컴퓨터나 네트워크 안에 번져있는 정보화 사회를 상징하는 개념이 되었다."_네이버 용어사전

사이버란 현실 세계와 구분되는 가상의 공간을 의미한다. 과학기술 발달의 결과, 컴퓨터와 인터넷이 만들어내는 또 하나의 세상인 셈이다. 500년 전 서양인들이 천문과 항해기술의 발달로 아메리카 대륙을 발견해낼 수 있었듯이 IT 기술이 발달하면서 사이버라는 새로운 대륙을 발견할 수 있게 되었다.

많은 사람들, 그리고 많은 기업들은 사이버라는 신대륙 개척에 열심이다. 그곳에는 많은 자원이 묻혀 있고, 새로운 기회의 땅으로 펼쳐지고 있기 때문이다. 알파 블로거들이나 남들보다 한발 앞서 사이버라는 땅으로 달려갔던 벤처들은 좋은 성공사례들을 남겼고 자극제가 되고 있다. 이제는 사이버 공간을 무시하고는 비즈니스를 할 수 없는 상황이 되었고, 사이버 마케팅의 중요성이 커지고 있다.

사이버 마케팅은 사이버라는 가상공간에서 이루어지는 마케팅 활동을 말한다. 즉 현실 세계가 아닌 가상의 공간에서 펼쳐지는 마케팅이다. 외국에서 마케팅을 하려면 그 나라의 문화나 의식과 사회구조를 이해해야 하듯이 사이버 공간에서 마케팅을 성공적으로 수행하기 위해서는 사이버 세상의 구조와 문화코드를 파악하지 않으면 안 된다.

많은 기업들이 사이버 마케팅이 중요하다고 생각하고 노력을 기울이지만 큰 성과를 보지 못하는 이유는 사이버 공간의 차이점을 정확히 이해하지 못하기 때문이다. 그곳은 현실 세상과는 다른 특징을 가지고 있다.

사이버 문화코드 1 : 수평적 문화

첫째, 사이버 공간은 철저하게 개인화한 수평 구조를 가지고 있다. 개개인들이 PC와 스마트폰 등 첨단기기로 무장되어 있고, 또 그 개인들이 유무선 인터넷망을 통해 네트워킹화 되어 있는 것이다. 여기에서는 현실 사회처럼 수직적인 계급이나 조직이 존재하지 않는다. '일등만 기억하는 더러운 세상' 이 아니라는 것이다. 철저히 수평적이고 개인적이다.

따라서 사이버 마케팅에 성공하기 위해서는 아무리 세계적이고 큰 기업이라 하더라도 개인과 동등한 친구라는 인식을 가져야 한다. 사이버 마케팅이 성공하지 못하는 원인은 기업은 생산자이고 정보 제공자라는 기존의 권위의식 때문이다.

예를 들어, 당신이 어느 대기업으로부터 다음 트윗tweets을 받았다면 어떤 기분일지 상상해 보라.

"안녕하세요, 인사가 늦었습니다. 앞으로 좋은 친구가 되었으면 하네요.^^"

도식적이고 상업적인 느낌보다는 친근감을 느낄 것이다. 실제로 많은 기업들이 미니홈피나 블로그를 만들고 기존의 홈페이지와는 다른 방식으로 고객들과의 대화를 시도하고 있다. 은행들은 앞다투어 싸이월드에 타운홈피를 개설했다. 거기에서 일촌도 맺고 도토리도 지급해 주면서 개인들과 친분 쌓기에 열심이다.

정치인들도 미니홈피나 블로그는 기본이 되어버렸다. 2002년 대선 당시 노무현 후보가 당선 가능성이 희박했던 상황에서 대통령이 될 수 있었던 것은 사이버 마케팅이 한 몫했다. 이회창 후보의 사이버 마케팅이 다소 권위주의적인 색채를 벗지 못한 반면 노 후보는 친구처럼 대화하고 눈높이를 맞췄던 것이다. 그것은 예상치 못한 힘을 발휘했다.

수평적 구조를 가지고 있는 사이버 공간에서는 대화가 필요할 뿐 설교는 안 된다. 이러한 점은 수직적 사고방식에 젖어있는 기업에게는 위협요인으로 작용할 수 있다. 현실 세계의 매스미디어를 통한 광고에서는 자사 브랜드 이미지를 만들고 그것을 고객들에게 알리는 방식이었다. 즉 좋은 점은 부각하고 나쁜 점은 숨겨야 했다.

그러나 사이버 세상에서는 그와 같은 방식은 오히려 역효과를 가져올 수 있다. 예를 들어, 고객이 올린 부정적인 멘트를 삭제했다가 거센 반발을 받았던 HP는 '안티 HP' 여론에 시달려야 했다. 네트워크를 타고 급속하게 번져버렸기 때문이다.

펩시의 '성난 소Raging bull' 캠페인 역시 그러한 위험성을 보여준다. 이 캠페인은 닥터페퍼의 블로그로 시작되었는데, 처음에는 닥터페퍼 제품의 홍보라는 느낌없이 소가 직접 일기를 쓰는 형식으로 시시콜콜한 불만들을 위트 넘치는 글로 표현하여 큰 인기를 끌었다. 그러나 이 블로그는 점차 노골적인 광고와 홍보성 글로 변질되면서 네티즌들의 비판에 부딪혔다. 불매운동까지 벌어졌고, 사이트는 결국 폐쇄됐다.

반면 고객의 눈높이에 맞춘 솔직하고 공감할 수 있는 대화는 비용을 들이지 않고도 엄청난 넷전net傳효과를 기대할 수 있다. 상품의 장점이나 이미지를 과장하는 광고와는 달리 자사 상품에 대한 고객들의 불만도 밝히고 있는 그대로를 평가받겠다는 자세가 필요한 것이다. 그래야 하는 이유는 사이버 공간의 구조가 수평적이기 때문이다.

 ## 사이버 문화코드 2 : 동시간적 융합

사이버 공간의 두 번째 특징은 동同시간성과 융합convergence이다.

지금까지의 광고 프로세스를 보면 광고를 만들고, 매체를 통해서 송신하고 고객으로부터 광고에 대한 피드백을 받는, 순차적이고 단속적인 방식이었다. 기업의 비즈니스 방식도 마찬가지다. 제품을 생산하고 유통채널로 보내고 미디어채널을 통해 프로모션하는 단계를 거친다. 즉 동시간적이거나 융합적인 문법이 아니다.

그러나 사이버 세상에서는 순차적이고 단속적인 방식은 먹히지 않는다. 그 이유는 사이버 세상은 동시에 많은 사람들이 접속하는 네트워크로 이루어져 있기 때문이다. 사이버 공간의 네트워크는 현실공간의 방송미디어와 근본적인 차이가 있다.

그럼에도 불구하고 아직도 많은 기업들은 방송식 사고방식에서 벗어나지 못하고 있다. 사이버 세상에 대한 몰이해는 대부분의 기업들이 사이버 상에 전자 카탈로그 식의 홈페이지를 만들어 운영하고 있는 수준이라는 점에서 극명하게 드러난다.

그것은 사이버 공간을 여러 커뮤니케이션 채널 중의 하나로 인식하고 있음을 반증하고 있는 것이다. 기존의 매체인 TV, 라디오, 신문, 잡지 외에 사이버라는 신매체가 추가되었다는 정도로 생각하고 있다는 말이다. 초기 사이버가 세간의 관심을 끌기 시작했을 때는 그러한 인식이 많았다.

포털portal은 사이버 세상의 입구라는 의미다. 마치 건물에 들어가려면 입구를 거쳐야 하는 것처럼 사이버 세상으로 들어가기 위해서는 반드시 포털을 거쳐야 한다.

많은 사이트들이 그 포털의 지위를 차지하기 위해서 메일 계정을 무료로 주고, 매력적인 컨텐츠들을 채워넣고, 블로그나 커뮤니티를 활성화시키는 데 많은 투자를 해왔다. 그것은 좋은 목을 선점하기 위해서다.

서울의 강남역 근처나 명동처럼 사람들이 북적이는 곳에는 빌보드 광고 가격이 비싸듯이 수많은 사람들이 방문하는 포털의 배너 가격은 웬만한 대중매체보다 고가가 되어버렸다. 기업들은 거기에 광고를 하고 링크를 걸어서 자사의 홈페이지로 고객들을 유인하는 방법을 택하고 있다.

그런데, 여기에 많은 돈이 들어가지만 실제효과는 그리 크지 않다. 다만 기존의 대중매체를 통한 광고효과가 점점 떨어지다 보니 그나마 대안 정도가 될 뿐이다.

초기의 기대와는 달리 배너광고가 큰 재미를 보지 못하는 이유는 무엇일까? 그것은 구조가 매스미디어를 통한 광고와 닮아있기 때문이다.

예를 들어, 신문광고는 기사와 광고가 따로 편집되어 있다. TV 광고도 마찬가지다. 프로그램 따로 CM 따로 구성되어 있다. 이것은 융합적이거나 동시간적이지 않다. 배너광고도 컨텐츠 옆에 광고가 따로 붙어있는 형태를 가진다는 점에서 기존의 광고들과 차이가 없는 셈이다. 이것은 사이버 세상의 문화코드에 위배된다.

요즘 포털사이트들에서 키워드 광고 등과 같이 컨텐츠와 광고가 융합된 형태들이 더 큰 호응을 얻고 있으며, 새로운 마케팅 모델을 시도하는 이유도 여기에 있다.

이제는 광고가 따로 존재하지 않는다. 미국에 가면 영어를 쓰고 중국에 가면 중국어를 써야 하듯이 사이버 상에서는 현실 세계와는 다른 언어를 사용해야 한다. 어순과 문법이 다르기 때문이다.

이러한 융합과 동시간성의 원리를 마케팅에 접목하는 사례들이 늘고 있다. 발빠른 마케터들은 신제품을 출시할 때 영향력있는 얼리어댑터나 얼리리뷰어early reviewer를 잡는다. 이들은 커뮤니티를 형성하면서 비즈니스의 맥을 잡고 있기 때문이다.

KT는 '쿡Qook' 브랜드를 본격 런칭하기 전에 수퍼블로거와 커뮤니티와의 연합작전을 펴면서 온라인 상에서 분위기를 띄워놓았다. "쿡이 뭐야?"라는 연막을 피우면서 신비로운 티저 활동을 대중매체 광고캠페인 전후에 펼쳐서 쿡의 성공적인 런칭을 가능하게 도왔던 것이다.

또한 게임회사는 새 게임을 본격 출시하기 전에 베타버전을 이들 그룹에 제공하고 사용 후기를 올릴 것을 독려한다. 이들은 미리 게임을 하면서 문제점도 지적하고 적절한 피드백도 제공한다. 게임의 전문가라 할 수 있는 이들의 말 한마디는 네트워크를 타고 전파되며, 그 효과는 매스미디어를 통한 광고에 비교할 바가 아니다.

제약회사인 쉐링은 알레르기 치료제 출시를 앞두고 두 명의 청년에게 고급자동차를 주면서 알레르기가 발생하는 계절에 미국 전역을 여행하면서 겪고 느낀 점을 재미있는 블로그 여행기 형태로 쓰게 했다. 광고나 홍보가 아님에도 효과는 대단했다.

이것은 홍보와 이야기가 융합된 것이다. 또는 제품개발의 뒷이야기를 재미있게 구성해서 설화의 구전효과를 노리는 기법도 자주 애용되는 방법이다.

사이버 마케팅의 초기 이론모델은 3C였다. 3C는 컨텐츠contents, 커뮤니티community, 그리고 커머스commerce를 말한다. 좋은 컨텐츠를 구비함으로써 많은 사람들의 방문을 유도하고, 이들이 모임활동을 활발히 해줌으로써 커뮤니티가 활성되면 상업화로 연결되는 선순환구조를 만들 수 있다는 믿음이다.

그러나 이러한 어순은 현실 세계의 문법에서 발생한 것이다. 그리고 사이버 세상에서는 현실 세계처럼 순차적이고 단속적인 프로세스는 의미가 없다. 동시간적이고 융합적인 알고리즘algorithm을 가지고 있기 때문이다.

 사이버 문화코드 3 : 상호작용

이것은 사이버 세상의 세 번째 특징인 상호작용성interaction과 깊은 관련이 있다. 앞에서도 언급했듯이 현실 세계의 미디어가 송신자에게서 수신자에게로 일방향적인 것이었다면 사이버 네트워크는 송신자, 수신자의 구분이 없고 쌍방향적이다. 아니, 다多방향이라는 것이 더 정확하다.

개인적이고 수평적인 구조를 가지고 있으며 융합적이고 동시간적인 문화코드를 가진 사이버 공간에서는 생산자와 소비자, 또 그들을 연결시켜주는 유통채널과 커뮤니케이션 채널이 따로 존재하지 않는다. 모두가 생산자이고 모두가 소비자가 되며 또한 개인이 곧 채널인 셈이다.

댄 길모어가 'We the media' 에서 주장하는 바도 블로그나 사이버 커뮤니티들이 TV나 신문 등과 같은 매스미디어를 대체하리라는 것이다. 따라서 블로거들은 생산자이자 소비자이며, 유통업체와 미디어의 기능을 갖게 되는 것이다.

여기서 독자들은 반문하게 될지도 모른다. 블로그가 미디어 기능을 하리라는 것은 이해되지만 블로거가 생산자라고? 그러면 그들이 비누나 음료수도 만들어 파나? 또 유통채널의 기능을 한다면 블로그에서 소매업도 한다는 말인가?

계속 강조하지만 생산의 개념을 '공장 안 시각' 으로 보아서는 이 말이 이해되지 않는다. 또한 상품의 정의를 유형의 상품tangible product으로만 한정짓는데 익숙한 기업들은 사이버 문법을 구사할 수 없다.

이미 많은 기업들은 신사업이나 신제품의 아이디어를 사이버 고객들로부터 얻고 있다. 개발 초기 단계부터 진행되는 과정들을 수시로 공개하고 각 과정마다 고객들의 피드백을 유도하고 있다. 기업과 고객과의 상호작용을 통해 생산과정에 참여시키는 것이다.

 마케팅 컨버전스

앞에서 언급한 레인콤은 새 모델의 MP3 디자인을 아예 얼리어 댑터 회원들에게 맡겼다. 또 미국의 디시전파워는 역할수행게임RPG의 원리를 이용해서 신제품 출시 전 소비자 반응을 조사하는 소프트웨어를 개발했다고 한다. 소비자들은 설문에 답하는 대신 게임을 하면 되는 것이다. 일종의 전략 시뮬레이션이다.

『포브스』는 코카콜라나 유니레버가 이 방법을 통해 마케팅 전략을 수립함으로써 큰 성과를 거두고 있다고 소개하고 있다. 이것은 기존의 방법보다 시간이나 비용을 절감해줄 뿐만 아니라, 소비자의 반응을 실제적으로 시뮬레이션해본다는 측면에서 비교우위도 갖고 있다.

또 이베이나 옥션과 같은 경매 사이트가 왜 성공할 수 있었는가를 생각해 보라. 그들은 사이버 고객들을 생산자로, 유통업자로 끌어들이는데 성공했기 때문이다. 아마존도 다르지 않다. 단순히 소비자로만 생각하지 않고 그들과의 상호작용에 역점을 두었던 것이 성공 비결이 될 수 있었다. 애플도 마찬가지다.

이제는 개인들이 팟캐스팅pod casting을 통해 방송국 역할을 하고, 앱스토어라는 장터를 통해 컨텐츠와 소프트웨어 프로그램을 직거래하면서 자신에게 필요한 컨텐츠로만 구성된 개인화한 스마트폰을 가질 수 있게 되었다.

이렇듯 사이버 세상에서는 생산양식이 다르다. 아래에 인용하는 돈 탭스콧의 예측은 사이버 공간에서의 생산방식이 어떻게 다르며, 또 보잉사의 예를 통해서 제조업체의 미래가 어떤 모습일까를 통찰력있게 보여주고 있다.

"신경제에 있어 '제조' 회사는 무슨 의미가 있을까? 보잉 777기 비용의 3분의 1은 소프트웨어 비용이다. 그래서 보잉사도 분명히 소프트웨어 사업 선상에 있으며, 항공기 제조의 새로운 가치 리더는 마이크로 소프트, EDS, 앤더슨 컨설팅, IBM과 같은 첨단기술 소프트웨어 개발역량을 갖춘 회사가 될 것이다. 정교한 항공기는 그들이 말하듯이 '정보 내에서 비행하는 부분들의 집합'이 될 것이다. 명세서는 모든 관련 당사자들과 함께 넷 상에서 공유될 것이고, 비행기는 새로운 세대의 젊은 지식노동자들에 의해 네트워크를 바탕으로 제조될 것이다. 보잉사는 사이버 공간에서 항공기를 설계하기 위해 공급자가 소비자와 함께 일하는 설계, 네트워킹, 프로젝트 관리, 마케팅 회사가 될 것이다."_넷경제의 가치, 27쪽

과거의 보잉사는 비행기를 만들기 위해 고객조사를 통해 니즈를 파악하고, 공장에서 생산해서 유통시키는 순차적이고 일방향적 방식이었지만, 앞으로는 네트워크를 통해 실시간으로 고객과 상호작용하면서 생산과 유통이 이루어지는 방식으로 바뀌게 될 것이다.

비행기만 그러하겠는가? 자동차도 일반생활용품들도 그렇게 될 것이다. 사이버 상의 네트워크가 새로운 생산양식을 만들어가고 있는 셈이다.

사이버 세상이 새로운 진화를 계속하고 있다. 앞장에서 말한 웹2.0이 그 시작이다. 웹2.0의 문법은 참여와 개방과 공유다. 기존의 방식처럼 제품을 '잘' 만들어서 유통채널로 내보내고 미디어채널을 통해 광고하고 프로모션해서 '잘' 판매하는 순차적이고 단속적인

비즈니스 방식은 사이버 세상의 패러다임과 부합되지 않는다.

사이버 세상에서는 모든 개인들이 적극적이고 주체적이다. 소파에 기대앉아서 TV를 보는 장면과 의자를 바짝 당겨 앉아서 PC 모니터를 들여다보는 장면을 비교해 본다면 왜 사이버 세상 사람들이 적극적인지 알 수 있다. 이들은 문만 열어주면 참여할 준비가 되어 있으며 공유하려는 마인드를 가질 수밖에 없게 되어 있다. 생산자에게서 소비자에게로의 일방향성이 아니라 쌍방향적으로 상호작용하는 것이 사이버 마케팅의 비결이다.

 ## 문화코드가 생산코드를 지배한다

사이버 세상의 구조와 문화를 이해하고 그에 맞는 방식으로 마케팅 한다면 적은 예산으로도 폭발적인 효과를 거둘 수 있다. 그럼에도 불구하고 자신들이 하고 싶은 이야기만 가득한 일방적인 홍보성의 홈페이지, 무차별적으로 뿌리는 이메일 홍보, 또 기존 패턴의 광고에 매달리는 수준의 기업들이 아직도 많다.

그들은 비용은 비용대로 쓰면서 효과는 보지 못하고 있다. 그것은 개인화, 수평적 구조, 동시간성과 융합, 그리고 쌍방향적 상호작용이라는 사이버 세상의 이국적인 문화코드를 이해하지 못하기 때문이다.

이제는 새로운 코드에 맞게 전반적인 비즈모델을 바꿔가야 한다. 만일 현실 세계 마케팅은 기존 방식대로 하고 사이버 마케팅은 따로 하는 것이라고 생각한다면 당신은 아직도 변화를 실감하지 못한다는 증거가 된다. 지금 비즈니스 생태계에서는 사이버가 현실이 되고, 현재가 추억이라는 가상으로 바뀌어 가는 변화가 일어나고 있다.

역사를 기억하라. 문화코드가 생산코드를 지배해 왔다.

핵심 포인트

사이버 세상에서는 모든 개인이 적극적이고 주체적이다. 소파에 기대어 TV를 보는 장면과 의자를 바짝 당겨 모니터를 들여다보는 장면을 비교해 본다면 왜 사이버 세상 사람들이 적극적인지 알 수 있다. 이들은 문만 열어준다면 참여할 준비가 되어 있으며 공유하려는 마인드를 가질 수밖에 없게 되어 있다. 생산자에게서 소비자에게로의 일방향성이 아니라 쌍방향적으로 상호작용하는 것이 사이버 마케팅의 비결이다.

여성 마케팅
– 카사노바에게 배우라

여성 고객들의 커뮤니티가 활성될 수 있도록 만남과 수다의 장을 만들어주는 것은 여성 마케팅에 매우 중요한 의미를 가진다. 또 고객들과 끊임없이 양방향으로 대화할 수 있는 관계관리 CRM; Customer Relations Management 시스템을 구축해야 한다.

여성의 쇼핑 DNA를 이해하라

결혼 초, 부부싸움의 주된 원인은 쇼핑이었다. 나는 주말에 집에서 쉬고 싶은데 아내는 백화점에 같이 갈 것을 요구한다. 큰맘 먹고 따라나서면 괜히 왔다 싶은 생각이 들고 '다시는 오나 봐라' 굳게 다짐하곤 했다.

대부분의 남성들이 공감하는 것이지만 여자와의 쇼핑은 고역이 아닐 수 없다. 필요한 물건이 있으면 미리 목록을 만들어서 사면 좋으련만 사려던 상품도 아닌데 만졌다 놨다, 또 웬만하면 사지 '이건 이래서 저건 저래서' 한번 더 둘러보고, 그쯤 되면 인내심의 한계를 넘어서기 시작한다.

딸아이가 초등학교 다닐 때 팬시점에 같이 갔다가 '역시' 하는 생각을 했다. 이것 만졌다 저것 만졌다, 살까말까 하더니 그냥 가잔다. 속으로는 답답하고 내가 주인이라면 한 대 쥐어박고 싶다는 생각까지 들었다.

이러한 여성편력은 시대를 거슬러 올라간다. 에누리의 달인인 엄마나 누나는 뭐 하나 쉽게 사는 법이 없었다. 10원이라도 깎아야 쇼핑의 즐거움을 만끽하고 만족이 되는 것 같았다. 옆에 서 있던 나는 '저 아줌마 진짜 밑지는 것 아니야' 하면서 조마조마했지만, 역시 달인들은 달랐다.

여성시장이 커지고 여성 고객을 잡아야 한다는 얘기들을 하는데, 이쯤 되면 '여자를 상대하려면 진이 빠지고 남는 게 있을까' 하는 생각이 절로 든다. 그런데도 무슨 여성 마케팅 타령이냐 할 것이다.

여성들의 쇼핑 DNA를 이해하려면 수 천 년을 더 거슬러 올라가야 한다. 인류가 수렵과 채집을 통해 경제문제를 해결하던 때, 남자들은 밖에 나가서 사냥을 해왔고, 여자들은 동굴에서 자녀생산과 양육을 담당했다. 이러한 분업은 여성들의 커뮤니케이션 능력을 배양시킬 수밖에 없다. 즉 사람이나 사물과 대화하는 능력은 여성들의 장기인 셈이다.

여성의 커뮤니케이션 능력은 현대사회에 와서는 전화기로 계승되었다. 눈앞에 안 보이는 사람과 전화기로 2시간 이상 이야기할 수 있는 능력은 여성에게만 주어진 은총이다. 역사적으로 남자들은 전화기를 붙잡고 2분 이상 대화할 능력을 훈련받지 못했다. 연구 결과에 의하면 여성들의 언어능력이나 지각능력이 남성들보다 실제로 뛰어나다.

이런 맥락에서 보면 여성에게 쇼핑이란 남성들이 생각하는 개념과는 다르다. 남성에게 쇼핑은 마치 사냥과 같다. 필요한 물건을 사냥하듯이 사는 것이다. 그러나 여성에게 쇼핑이란 단순히 필요한 물건을 사는 행위가 아니다. 오히려 영업직원과의 대화, 상품과의 커뮤니케이션으로서의 상징성이 더 크다.

여성들이 상품을 고르면서 뭐가 좋고 나쁘다는 것은 핑계에 불과하다. 그보다는 쇼핑 그 자체를 즐기고, 그것을 통해 자신의 삶을 실현해 가는 것이다. '남녀탐구생활'에서 그랬다. 백화점이 백화점인 이유는 백 바퀴 돈다고 해서 백화점이라고. 진짜 "남자는 여자를 모른다."

이것이 여성 마케팅을 이해할 수 있는 본질이다.

 ## 쇼핑파워가 역전되고 있다

여성 마케팅이란 개념이 관심을 끌게 된 것은 그리 오래된 일이 아니다. 여성은 역사적으로 볼 때 제2의 성이었다. 한 곳에 정착해서 생활하는 농경 사회로 이행하면서 영토 다툼 때문에 빈번히 일어나게 된 전쟁은 남성 위주의 사회로 만들었다. 여성은 사회중심에서 소외될 수밖에 없었고, 역시 집안에서 남성들을 보조하면서 자녀를 키우는 일의 틀에서 벗어나질 못했다.

이러한 상황은 산업화 사회로 바뀌면서 더욱 악화될 수밖에 없었다. 자본, 노동, 토지는 여성보다는 남성들에게 더 어울리는 것이었고, 산업의 역군 자리는 남성들의 몫이었다. 생각해 보면 여성들이 투표권을 갖게 된 것도 불과 100~200년 전의 일이다.

산업화 시대의 패러다임이 수명을 다하고 지식정보 시대로 넘어가면서 여성들의 DNA가 빛을 발하기 시작한다. 노동이나 자본 대신 지식의 가치가 중요해지면서 지각과 커뮤니케이션 능력이 뛰어난 여성들의 파워가 강해지는 환경이 조성되고 있다. 그러면서 마케팅에서 여성이 차지하는 비중이 커지고 있다.

첫째, 여성들의 구매력이 커진다는 점이다. 전에는 대부분의 상품 구매에 대한 의사결정권을 남성들이 가지고 있었다.

산업화 사회로 무르익을 때는 새로운 제품들이 쏟아져 나왔다. 예를 들어, TV가 처음 나왔을 때 TV에 대한 정보는 남성들이 독차지할 수밖에 없었다. 남자들은 밖에서 활동하면서 정보도 교류하고 경험할 수도 있었지만, 집에 있는 여성들은 그에 대한 발언권을 갖기 어려웠다. 여성들의 구매력이란 콩나물이나 옷가지 정도밖에는 미치지 못했던 것이다.

지금의 기성세대 여성들은 오빠 콤플렉스를 가지고 있다. 어릴 때 많이 불렀던 '오빠생각' 동요는 그 시대의 관념을 반영하고 있다.

"우리 오빠 말 타고 서울 가시며 비단구두 사 가지고 오신다더니"

가난해서 자식을 모두 공부시킬 수 없다보니 딸들은 기회를 갖기 어려웠던 시절이 있었다. 그래서 공부하러 서울 간 오빠가 비단구두 들고 금의환향할 날만 기다리는 것이 여성들의 삶이었다. 이러한 오빠 콤플렉스가 TV 사들고 들어올 남편을 기다리는 여성들의 뇌리 속에 남아있었다.

그러나 경제가 발달하면서 여성들의 교육수준이 높아지고, 사회

활동이 많아지면서 형국이 달라지게 된다. 제품에 대한 지식과 경험이 늘어나고, 여기에 커뮤니케이션을 위한 전화나 인터넷 등 통신비용이 하락하면서 드디어 여성들의 DNA가 물 만난 고기처럼 되어 가는 것이다.

이미 구매범위와 구매력에 있어 역전이 일어났다. 과거 콩나물 수준에서 이제는 아파트, 자동차, 전자제품 등등 금녀구역이 무너지고 있다. 오히려 남성들의 의사결정구역은 먹고 마시는 제품 정도로 축소되고 있다.

 ## 여심 잡기

이러한 변화를 마케터들은 놓치지 않는다. 쇼핑을 지겨워하는 남성을 위해서 한 백화점에서는 '탁남소托男所'를 만들었다. 'The 7th'라는 남성 전용 카페다. 부인이나 여친이 쇼핑하는 동안 남자들은 이 카페에서 스포츠 중계를 본다든지 관심 분야의 여가활동을 하면서 쉴 수 있게 배려한 것이다.

아파트의 마케팅 콘셉트도 여성에게 맞춰져 있다. 설계에서 가장 신경쓰는 부분이 주방이다. 동선도 넓히고 최고급 주방가구를 배치한다. 또한 여성들의 감각에 맞춰 인테리어를 하고 광고에서도 여성의 라이프스타일을 보여주는 내용이 대부분이다.

자동차업계 역시 마찬가지다. 여성 고객을 위해 의자 밑에 하이힐 보관함을 만들고, 화장용 거울이나 핸드백 걸이를 구비한다. 현대자동차는 아예 '뉴 EF 소나타 엘레강스 스페셜'이라는 여성 전용

■ 구매력과 전파력이 강한 여성을 위한 마케팅이 활발하다

모델을 출시했다.

이와 같은 여성 전용 상품은 거의 모든 업종에서 붐이 일고 있다. 신용카드사들도 너나없이 여성 전용 카드여우카드, 이퀸스카드, 지앤미카드, 쉬즈카드 등를 만들어서 그들의 라이프스타일에 맞춘 혜택을 제공하고, 은행들도 '명품여성통장', '여성시대통장', '미인통장' 등 여성 전용 상품을 만들어 골드미스와 싱글들을 유치하기 위해 우대금리 적용, 할인혜택, 무료 암보험 가입서비스 등의 기능을 강화하고 있는 추세다.

첨단산업이라는 IT 업계들도 여심 잡기에 열심이다. 이동통신업체들은 '드라마', '카라' 등의 브랜드로 여성의 마음잡기에 경쟁을 벌였다. 디지털가전업체들도 주부들을 위한 육아, 요리, 자녀교육 등의 컨텐츠를 제공할 뿐만 아니라, 여성 전용 홈페이지를 따로 만들거나 여성 전용 콜센터를 운영하면서 사용법과 애프터서비스를 안내한다.

음반, 영화, 여행 등의 문화상품에서도 여성 고객을 위한 배려를 느낄 수 있다. 한 음식점에서는 '공동경비구역 JSA'를 패러디해서 '공동여성구역 JWA'를 만들어 여성 고객에게는 특별 서비스를 해주는 곳도 있다고 한다. 백화점 주차장에도 여성 전용 구역이 따로 있다.

이렇게 전 업종에서 여성 마케팅이 한창이다. 그러나, 이제는 여성 마케팅의 개념이 단순히 여성을 대상으로 한 전용 상품을 만들거나 특별혜택을 주는 데서 한 단계 진화해야 한다. 그것은 다음에 언급할 여성 마케팅이 중요해지는 두 번째 이유이기도 하다.

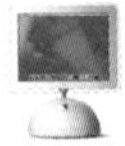 미녀들의 수다를 활용하라

여성 마케팅의 필요성은 구매력이 강해졌다는 것보다 전파력에 있다. 여성은 남성에 비해 정보탐색 시간이 길고, 구매의사결정 프로세스가 복잡하지만 일단 결정한 후에는 자신의 선택을 정당화하고 합리화하려는 경향을 보인다. 즉 자신이 선택한 브랜드가 최선이라고 생각해 버리는 것이다.

이와 같은 여성과 남성의 구매 과정에 나타나는 차이는 기질의 차이에서 기인하는 바도 있겠지만 사회문화적 배경을 무시할 수 없다. 제2의 성으로 살아온 여성들은 상품의 구매에서도 소외될 수밖에 없었다. 또한 사회가 여성에게 요구하는 성역할은 '착한 소녀

good girl 증후군’ 을 낳게 했다고 사회심리학자들은 지적한다.

어릴 적부터 곱고 착하게 성장해서 알뜰살뜰 살림 잘 하고 남편 내조 잘하는 것이 여성의 역할이라고 강요받으면서 자라왔다. 그러다 보니 여성들은 구매를 연습할 기회를 얻지 못하고 돈 쓰는 훈련을 받지 못하며, 착한 소녀가 되는 것이 여성의 삶의 성공 공식이라고 교육받아 왔다.

유교 문화권의 동양은 그 정도가 더 심하다. 남녀가 데이트할 때도 비용은 으레 남자들이 부담했다. 그래서 ‘남성인권보장위원회’ 즉 남보원이 결성되고 “여성들이 밥을 사는 그날까지” 매주 하겠다고 한다.

상품 구매를 연습하지 못했던 공백은 여성들이 독립하거나 결혼으로 살림을 하면서 남녀 간의 구매 과정 차이로 나타난다. 한국에서 ‘복부인’ 이라는 간 큰 여성들이 등장한 원인도 착한 소녀 콤플렉스의 반작용이라고 해석할 수 있다.

상품 구매 홀로서기를 하면서 여성들의 심적 부담감은 커질 수밖에 없다. 그것은 크게 두 가지의 극단적인 모습으로 표출된다. 만약 자신의 결정이 잘못 되었다고 후회한다면 당장 반품을 하든가 아니면 자신의 선택이 최상이었다고 무조건 우기든가 하는 것이다.

자신의 결정에 흠이 있다는 생각은 여성들을 힘들게 한다. 여성이 상품을 만지작거리거나 잡았다 놨다 하는 이유도, 또 반품률이 남성에 비해 많은 이유도 여기에 있다.

그러나 일단 잘 샀다고 생각한 상품에 대해서는 맹목적인 충성심을 보인다. 즉 자신의 세계 내에 들어온 것에는 집착을 보인다여성들은

 실제로 여성들의 브랜드 로열티가 남성에 비해 높다. 그리고 자신의 행동을 합리화하기 위하여 다른 사람에게 전파하려는 성향을 가진다. 종교의 전도도 여성들이 훨씬 열성적이고 실질적으로 잘 한다.

이러한 예찬 성향에 여성 특유의 구전커뮤니케이션 DNA가 합쳐지면 대단한 위력을 발휘하게 된다. 전화선이나 인터넷망을 통해서, 또는 모임이나 수다에 의해서 날아다니는 정보의 양은 엄청나다. 이 채널을 타는 브랜드는 매스미디어를 통하는 것보다 훨씬 큰 효과를 볼 수 있다.

이것이 여성의 마음을 잡으려고 노력하는 여성 마케팅의 본질적인 이유이다. 처음에 여성을 설득하고 감동시키기가 어렵지 일단 임계점을 넘으면 충성고객이 되고 브랜드 전도사가 될 수 있다. 그러므로 여성을 대상으로 하지 않고서는 입소문 마케팅viral marketing이 원천적으로 불가능하다.

 ## 프로슈머로 고용하라

마지막으로, 여성 마케팅의 가장 막강한 위력은 여성 고객을 프로슈머로 만들 수 있다는 점에 있다.

산업화 시대의 마케팅이 생산자로부터 소비자에게로 일방향적이었다면, 지식정보 시대의 마케팅은 상호작용을 통한 양방향성으로 달라지고 있다. 따라서 상품을 잘 만들고 광고와 세일즈를 잘 함으로써 부가 가치를 창출해 가는 산업화 시대의 비즈방식에 머물러 있는 기업은 새로운 프로슈머 문법을 이해하지 못하고 몰락할 수밖에 없다.

여성 DNA의 본질은 생산에 있다. 출산은 여성만이 할 수 있듯이 무언가를 만들 수 있는 생산능력은 여성이 훨씬 뛰어나다. 아이디어를 사냥해 오고 전반적으로 기획하는 능력이 남성의 장기라면, 그것을 조정하고 완성시켜 상품화하는 능력은 여성의 핵심 역량이라고 할 수 있다.

그렇기 때문에 여성의 마음을 사로잡은 기업은 그들을 프로슈머화할 수 있으며, 여성의 생산능력을 기업의 힘으로 연결시킬 수 있다. 이러한 참여와 공유, 개방 패러다임은 마케팅2.0 시대에 꼭 필요한 철학이다.

 유쾌한 바람둥이에게 배우는 마케팅 노하우

구매력 증가, 홍보 전파력, 프로슈머로서의 생산능력, 이것이 지식정보 사회로 가면서 여성 마케팅이 점차 중요해지는 이유다. 그래서 여성의 마음을 사로잡은 브랜드가 시장을 점유할 것이라는 말까지 나오는 것이다.

그렇다면 여성의 마음을 잡을 수 있는 비결은 무엇일까?

여성 마케팅의 달인은 단연 카사노바다. 카사노바는 바람둥이의 전형으로 여자나 꼬시는 불한당 정도로 치부되지만 상황이 그렇게 단순하지 않다.

이탈리아 베네치아에서 태어난 그는 17살에 법학 박사학위를 받

은 비상한 천재였다. 또한 유럽 전체가 혁명의 격변기였던 18세기
에는 자유와 평등의 철학을 추구하고 전파했던 계몽주의자였고, 40
여 권의 저술을 남긴 사상가이기도 했다.

그에게 넘어갔던 당시의 여성들은 모두 어수룩했을까? 그렇지 않
다. 지성인, 귀족부인, 수녀, 문인, 창녀에 이르기까지 사회 여러 계
층의 마음을 사로잡을 수 있었던 것은 그가 여성심리를 꿰뚫고 있
었으며, 여성 마케팅의 달인이었음을 말해준다. 누군가가 바람둥이
의 매력을 이렇게 표현했다.

"바람둥이들은 자기 자신에 대한 애정과 넘치지 않을 만큼의 자
신감을 갖고 있다. 자신의 소중함을 알기에 대인관계에서의 예의나
숙녀 앞에서의 매너 또한 세련되어 있다. 결코 싸구려처럼 행동하
지 않는다. 상대방을 배려할 줄도 알고, 충분히 듣고 적절한 타이밍
에 피드백한다. 여자의 고민을 묵묵히 들어 주는 여유가 있고, 작은
일에 일일이 반응하지 않는 등 센스 또한 충분하다. 이들은 무엇보
다 멋을 낼 줄 안다. 자신을 꾸밀 줄 알기 때문에 부드러운 말투와
군더더기 없는 넉넉함으로 뭇 여성들의 시선을 사로잡는다. 항상
'뭔가 있어 보이는' 그들에게 많은 여성들은 빠져들면서 유일한 애
인으로 남고 싶어한다."

마케터들은 바람둥이에게서 배울 필요가 있다.

첫째, 여성 고객을 유쾌하게 해주어야 한다. 미국 하버드 경영대
학원의 제럴드 잘트만 교수는 여성들이 쇼핑할 때 뇌의 혈액이 특
수한 흐름을 보인다는 사실을 발견했다. 마음에 드는 상품을 보면
좌측 전두엽 피질 등 즐거운 감정과 연관된 부위에 혈류가 집중된

다는 것이다. 정말 피가 솟구치는 것이다.

또 많은 연구 결과들이 쇼핑을 자주 하는 여성들의 신체 활동 에너지 수치가 높아서 노화방지나 치매예방 등 건강에도 좋다는 것을 입증하고 있으며, 정신장애 여성들을 대상으로 한 연구 논문에서는 쇼핑을 즐기는 과정이 자기 존중감 향상과 우울증 치료에 탁월한 효과가 있다는 사실을 밝혀내기도 했다.

이렇듯 여성에게 쇼핑이란 목적이 아니라 생활 그 자체인 것이다. 그러므로 쇼핑은 즐거운 경험이 되도록 해야 한다. 품질이 좋고 나쁘다는 것은 여자들이 만들어내는 핑계거리에 불과하다. 또 그런 것은 전문가가 아니면 구분해서 설명하지도 못한다. 그들의 속마음을 이해해 주어야 피가 솟구치는 것이다.

요즘 마케팅의 새 트렌드라고 하는 감성 마케팅, 체험 마케팅, 놀이 마케팅 등은 바로 이러한 점과 연관되어 있다.

둘째, 여성 고객을 알아주어야 한다. 카사노바의 매력은 상대방의 얘기를 진지하게 경청하고, 적절하게 맞장구도 쳐주면서 피드백을 하는 데 있다. 때로는 강한 카리스마를 보이기도 한다. 그러면서 여성의 자존감을 올려주는 것이다.

이런 관점에서 지펠 냉장고의 마케팅이 디오스보다 더 카사노바적이었다. 고급 냉장고 출시 초기 디오스는 기술력을 강조하며 조용한 냉장고라는 메시지를 보낼 때 지펠은 여성의 자존감을 건드렸다. 그들의 콘셉트는 이런 내용이었다.

"당신은 보석같이 소중한 사람입니다. 당신은 보석에 열광하는 단순한 여인이 아니라 생활 속의 일부인 냉장고를 소중하게 생각하

 마케팅 컨버전스

는 진정한 생활의 전문가입니다."

지펠은 집에서 살림만 하는 부엌떼기가 아니라 삶의 수준을 높이고 자아를 실현하는 여성을 위한 냉장고라고 멘트를 날렸던 것이다. 결국 디오스도 방향을 선회했다.

종가집 김치도 초반에는 고전을 면치 못했다. 1990년대 초반까지만 하더라도 '김치는 담궈 먹는 것'이라는 관념이 강했고, 집에서 담그지 않고 사먹는 며느리는 게으르고 살림 못하는 여성이라는 부정적인 정서가 사회를 지배하고 있었다. 김치를 담그는데 투자하는 시간을 자신의 삶을 실현하는 데 효율적으로 사용하는 커리어우먼의 이미지가 어필되는 분위기가 조성되고 나서야 판매에 불이 붙을 수 있었다.

제2의 성으로 살아오면서 사회에서 소외되고 살림만 하던 여성들에게 새로운 가치를 보여주고 자기 삶의 전문가가 되라는 메시지는 억압되어 있던 욕구의 카타르시스이고 복음이 아닐 수 없었다. 여성의 상황을 공감해 주고 유쾌한 시야를 보여줄 때 마음을 빼앗을 수 있다.

 ## 내면적 공범의식을 조성하라

끝으로, 여성 마케팅의 핵심은 여성 고객과의 관계relations를 구축하는 것이다.

여성이 남성과 다른 점은 여성은 관계를 통해 자신의 삶을 완성시켜 간다는 것이다. 인간이 자존감을 형성해 가는 과정을 연구한 자료들에 의하면, 남성의 자존감은 신체적인 활동이나 남을 지배하는 능력과 밀접한 관계가 있는 반면, 여성은 긍정적인 인간관계를 통해 형성되어 간다고 한다.

주위 사람이나 사물 등과 좋은 관계가 유지되고 지속적인 피드백이 있어야 안정감을 느끼고 삶의 실현감을 느낄 수 있는 것이 여성의 본능인 셈이다. 남편이나 애인으로부터 '사랑한다' 라는 멘트를 계속 들어야 마음이 놓이는 것도, 여성들이 계나 모임 등을 자주 갖는 것도 이런 속성에서 기인한다.

여성은 만남과 수다 등 인간관계를 통해 자신의 존재성을 확인하며, 유행에 민감한 이유도 관계성에서의 소외를 두려워하는 심리를 가지고 있기 때문이다.

'남자는 배, 여자는 항구' 노랫말처럼 남성은 도구적 특성을 가지는 반면, 여성은 관계적 특성을 가진다. 자녀양육에 적합하기 위해서는 자녀나 주위 사람들과 긴밀하게 정서적 관계를 유지할 수 있어야 한다. 따라서 타인의 생각이나 감정에 공감을 잘 표현하며, 남성에 비해 자신과 타인과의 심리적 경계가 덜 분명하다.

여성 고객들의 커뮤니티가 활성될 수 있도록 만남과 수다의 장을 만들어주는 것은 여성 마케팅에 매우 중요한 의미를 가진다. 또 고객들과 끊임없이 양방향으로 대화할 수 있는 관계관리CRM; Customer Relations Management 시스템을 구축해야 한다.

이것은 여성 고객과 친구가 되는 것이다. 여류 소설가 시몬느 드 보브와르의 지적처럼 남성과 달리 여성은 우정이 생기면 내면적 공범共犯의식을 갖게 된다. 그렇게 되면 여성 고객들은 시키지 않아도 자발적으로 브랜드 전도사, 또 프로슈머가 되어 당신 회사를 도울 것이다.

 ## 新여성 시대의 도래

지식정보 사회로 이행되면서 여성에게로 힘의 이동이 일어나고 있다. 학교에서도 여학생들이 공부를 더 잘하는 것으로 나타났다. 알파걸alpha girl이라는 신조어가 생길 정도다. 여성들의 사회 진출이 많아지고, 사회 요직을 맡는 비율도 늘어나고 있다. 우리 사회의 미래인 교육을 담당하는 선생님의 비중은 여성이 압도적이다.

2005년 인구센서스에서는 처음으로 여성 인구가 남성을 앞서기 시작했다. 호주제의 폐지, 이혼율의 증가, 기러기아빠 현상, 독신가구의 증가 등이 말해 주듯이 산업화 시대의 핵가족화가 지식정보 사회로 가면서는 개個가족화 되어 가고 있다.

이와 같은 가족구조의 변화는 여성의 성역할 변화를 상징하고 있으며, 신新모계사회로의 전환 예고라고 볼 수 있다.

이러한 변화의 물결은 우연이 아니다. 산업화 시대에 적합한 리더십이 '나를 따르라' 식의 가부장적이었다면, 지식정보 시대에서는 창의성과 커뮤니케이션 능력이 필요하다. 즉 여성의 DNA가 물 만날 수 있는 환경으로 변하고 있는 것이다.

여성 마케팅을 여성이라는 세분시장을 공략하는 STP 전략 정도로 이해하는 표피적 수준으로는 고수가 될 수 없다. 근원적인 패러다임의 이동을 통찰하고, 여성 고객을 마케팅 대상이 아니라 마케팅 파트너로 인식하는 전환이 필요하다.

유쾌한 마케터들이여, 여성을 사랑하는 카사노바가 돼라. 사랑이란 상대를 높여주고 섬기는 것이다.

핵심 포인트

노동이나 자본 대신 지식의 가치가 중요해지면서 지각과 커뮤니케이션 능력이 뛰어난 여성들의 파워가 강해지는 환경이 조성되고 있다.
여성 마케팅의 필요성은 특유의 전파력에 있다. 여성 마케팅을 여성이라는 세분시장을 공략하는 STP 전략 정도로 이해한다면 고수가 될 수 없다. 근원적인 패러다임의 이동을 통찰하고, 여성 고객을 마케팅 대상이 아니라 마케팅 파트너로 인식하는 전환이 필요하다.

 마케팅 컨버전스

Marketing Convergence 03
개인맞춤화
Fitting
유비쿼터스 혁명이 일어나면서 시장의 구조가 분화의 단계를 넘어 개인화 시장 individualized market구조로 질적인 변화가 일어나고 있다. 요즘 STP 전략이 안 먹히는 원인이 여기에 있다. 마켓의 구조가 달라지면 마케팅 방법이 달라져야 한다. 개인맞춤화하지 않고서는 안 된다.

일대일 DB마케팅
– 나는 당신이 내년 여름에 할 일을 알고 있다

'나를 알아주는 사람을 위해서라면 목숨도 버린다'는 말이 있듯이 기업이 고객을 알아주면 그 고객은 충성고객이 될 뿐만 아니라 입소문 마케팅의 진원지가 될 수 있다. DB마케팅의 본질은 1:1 개인맞춤화에 있기 때문이다.

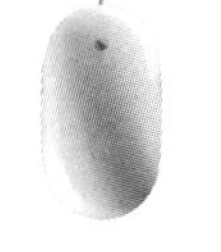

구멍가게 아저씨 vs 편의점 사장님

구멍가게 아저씨와 편의점 사장님은 하는 일이 다르다.

10~20년 전, 구멍가게에서 물건을 사면 주인아저씨는 장부에 판매상황을 기록했다. 숫자가 많아지면 주판이나 계산기를 이용해서 팔린 품목, 수량, 금액을 메모했다. 고객이 영수증을 요구하면 영수증도 따로 써줬다. 장사가 끝나면 문을 걸어 잠그고 재고 파악을 한다. 시재를 맞추는 작업을 하는 것이다. 재고가 떨어진 품목은 회사에 전화를 걸어 추가주문을 한다.

그러나 요즘 편의점 사장님들은 그런 일을 하지 않는다. 고객이 물건을 사면 제품에 부착되어 있는 바코드를 읽어서 매출상황이 기록된다. 계산기를 두드릴 필요도 없고, 영수증을 따로 써줄 필요도 없다. 그런 것들은 자동적으로 또 실시간적으로 이루어진다. 그 뿐만이 아니다. 재고관리 시스템은 떨어질 만한 품목에 대해서는 배달 소요시간 등을 감안해서 자동으로 발주가 나간다. 과거에 구멍가게 주인이 하던 일이 컴퓨터를 중심으로 실시간, 또 수평적으로 통합integration된 것이다.

　정보기술IT의 발달이 이런 변화를 가능하게 만들었다. 그런데, 이것은 단순히 생산성과 효율성의 증대만을 의미하지 않는다. 더 중요한 것은 이러한 정보 시스템을 통해 소비자의 구매 정보를 얻을 수 있고, 마케팅 전략수립의 토대로 활용할 수 있다는 점이다.

　예를 들어, 어느 고객이 ○○월 ○○일 ○○시에 어느 지역에 있는 편의점에 들어가서 어떤 브랜드의 과자를 샀다고 하자. 제품의 바코드를 읽는 순간 구매 정보는 편의점 본사의 DB에 저장된다. 이 기록을 통해 각 지역별 판매상황을 날짜별, 요일별, 시간대별로 분류할 수 있다.

　이 데이터들을 분석하면 그 과자의 월별 계절지수를 계산할 수도 있고, 요일별로는 어느 요일에 잘 팔리는지, 시간대별로는 몇 시가 피크타임인지, 어느 지역이 강세고 약세인지, 또 여기에 기온이나 습도 등과 같은 날씨 정보를 입력하면 날씨와 매출의 상관관계도 파악할 수 있다. 고객이 결제하는 신용카드나 회원카드 등을 통해 고객에 대한 정보성별, 연령대, 소득수준, 직업 등까지 알아낼 수 있으면 금상첨화다.

이런 POSPoint of Sales: 판매 접점 데이터는 기업이 마케팅 전략을 수립하는데 있어 핵심적인 사항들이다. 즉 POS 데이터를 활용하여 수요예측모델을 개발한다든지, 광고프로모션의 효과측정, 신제품 개발 시 활용할 수 있는 트렌드 분석 등 전략적 응용이 얼마든지 가능하다. 그런 데이터를 얻기 위해 기업들은 수많은 돈을 마케팅 리서치에 쏟았다. 그런데 이제는 시장조사 기능까지도 하나로 통합되고 있다.

소매 유통 조사로 명성을 날렸던 닐슨사는 소매점 지수retail index 사업을 중단할 수밖에 없었다. 90년대까지만 하더라도 소매 유통 구조가 구멍가게나 수퍼마켓 위주였기에 전국의 소매점을 샘플링하고 각 샘플 점포의 판매 자료를 체크해서 각 제품의 판매추이를 지수화하는 작업이 의미가 있었다. 그러나 이제는 대형할인점, 편의점 체인 등으로 소매 유통 구조가 바뀌면서 닐슨의 리테일 인덱스는 무용지물이 되어버렸다. 실시간으로 정확한 실제 판매정보가 있는데, 어느 회사가 닐슨의 자료를 사보겠는가?

대형소매점들은 자신들이 보유하고 있는 판매정보를 절대 공개하지도 판매하지도 않는다. 왜냐하면 그것이 힘의 원천이기 때문이다. 좀 극단적으로 얘기하자면, 생산자와 소비자의 중간채널 역할을 하면서 존재의 이유를 인정받고 승승장구하던 유통업이 유비쿼터스ubiquitous 환경으로 변하면서 샌드위치 신세가 되어가고 있다. 즉 힘의 이동power shift 현상이 일어나고 있는 것이다.

이런 상황에서 유통점이 향후 존재의 명분을 유지할 수 있는 유일한 힘은 마케팅 정보밖에는 없다. 산업화 시대에는 자본과 노동이 힘의 원천이었지만, 정보화 시대로 가면서 정보와 지식으로 이동하고 있기 때문이다.

DB마케팅이 중요해지는 첫 번째 이유가 바로 여기에 있다. 그러나, 이것은 유통업의 과제만이 아니다. 제조업체나 금융, 관광, 통신 등등 할 것 없이 모든 업종들이 정보의 파워를 인식하고 서둘러야 할 일이다.

 ## 개인맞춤화fitting의 힘

일대일 DB마케팅이 중요해지는 두 번째 이유는, 시장구조가 대량시장mass market에서 분화된 시장segmented market으로, 그런데 이제 유비쿼터스 환경으로 변하면서 개인화된 시장individualized market으로 전환되기 때문이다. 즉 개인화된 DB마케팅 시스템으로 전환하지 않으면 안 되는 환경으로 틀 자체가 변하고 있는 것이다.

사실 DB마케팅이란 새로운 것이 아니다. 고객 DB를 컴퓨터에 저장해 놓건 수첩에 기록해 놓건 그것을 정리해서 고객과의 관계를 관리하는 것이 DB마케팅이다.

신속한 자장면 배달로 유명했던 '번개' 는 수첩에 고객 이름과 각각의 취향을 기록해 놓았다. A라는 고객은 자장면을 먹을 때 우동국물을 먹고 싶어하고, B 고객은 단무지를 좋아한다는 식이다. A 고객이 자장면을 주문하면 우동국물을 조금 갖다주고, B 고객이 주

문하면 단무지를 듬뿍 갖다주는 식으로 맞춤서비스를 제공했다고
한다.

자장면 배달에도 마케팅이 필요하다. 단순해 보이는 일에 무슨 마
케팅이 필요하냐고 생각하겠지만, 이런 마인드가 자장면 배달원을
일약 스타강사로 만든 비결이 되었다.

번개는 자신의 수첩에 DB마케팅을 했고, 개인맞춤화를 하고 있
었다. 어렵게 생각할 것 없이 개인맞춤화fitting가 DB마케팅의 본질
이다.

지금까지 기업의 마케팅은 시장구조의 변화에 맞춰서 이루어졌
다. 산업화 초기 시장구조가 대량시장일 때는 대량 마케팅을 해야
했다. 즉 제품을 대량으로 생산해서 대량유통을 통해 소비자 가까
이로 갖다놓고, 대량 커뮤니케이션을 통해 광고나 프로모션을 하는
방식이다. 그런 방식이 그 틀 속에서는 가장 효율적인 방법이기 때
문이다.

그러나 시장은 점점 세분화되기 시작했다. 시장의 구조가 달라지
기 시작하자 마케팅의 새로운 모델이 등장하기 시작했다. 그것이
STPSegmentation, Targeting, Positioning 전략 모델이다.

기업은 시장을 세분화해서 인식하기 시작했고Segmentation, 여러 세
그먼트segment 중 어느 시장에 기업의 자원을 집중할 것인가 전략적
으로 생각하게 되었고Targeting, 여러 경쟁 브랜드가 난무하는 와중에
소비자의 머릿속 어느 위치에 자사 브랜드를 자리잡게Positioning 할
것인지를 고민하게 되었다.

STP 모델은 소비자를 평균으로 인식하는 방식이다. 분화된 시장
구조에서는 각 세그먼트의 평균을 내는 방식이 효율적이다. 그러나

유비쿼터스 혁명이 일어나면서 시장의 구조가 분화의 단계를 넘어 개인화한 시장individualized market구조로 질적인 변화가 일어나고 있다. 요즘 STP 전략이 안 먹히는 원인이 여기에 있다.

마켓의 구조가 달라지면 마케팅 방법이 달라져야 한다. 이제는 STP 전략으로 기업이 안고 있는 문제를 해결할 수 없다. 개인맞춤화fitting하지 않고서는 안 된다. 실제로 이 세상 어디에도 평균 소비자란 존재하지 않는다.

개인맞춤화를 위해서는 DB마케팅 시스템이라는 하부구조가 선행되어야 한다. 괄목할 만한 IT 기술의 발전으로 DB마케팅은 단순한 고객관리 차원을 넘어서 과거에는 상상치 못했던 기막힌 일들을 얼마든지 해낼 수 있다.

 ## 1세대 DB마케팅 : "나는 당신을 알고 있다"

초기 1세대 DB마케팅은 고객 리스트를 확보해 놓고 그들에게 DMDirect Mail을 보낸다든지, 생일이나 기념일에 축하 메시지를 보내는 형태였다. 이때의 숙제는 고객 리스트를 어떻게 확보할 수 있는가였다.

지금도 고객 DB 확보가 쉬운 일은 아니다. 기업은 그것을 확보하기 위해 많은 예산을 들이고 온갖 아이디어를 동원한다. 회원으로 가입하면 선물이나 인센티브를 주는 방식으로 고객 모집에 나서기도 한다.

인터넷이 보급되기 전, 고객을 유치하는 방식으로 직접반응광고 Direct Response Advertisement가 일반적이었다. 광고물이나 전단지를 본 고객들이 전화를 하거나 쿠폰을 보내는 형태로 정보를 제공하면 그에 상응하는 보상을 해주는 방식이다.

50년 전 조그만 차고에서 자동차용 보호좌석을 만들던 회사에서 현재 20억 달러의 사업체로 성장할 수 있었던 미국의 핑거헛의 성공 비결은 "DB마케팅은 우리의 심장이고, 영혼이다. 이것이 없었다면 우리는 사업을 하지 않을 것이다"라는 말에 함축되어 있다.

고전을 면치 못하던 초기의 핑거헛은 어느 날 우편으로 배달된 넥타이 카탈로그를 보고 새로운 아이디어를 얻었다. 우편주문사업을 확대하는 것이었다. 당장 자동차 등록 명부를 임대해서 이들에게 최고급의 광고전단을 보냈다.

월트 디즈니사는 94년 'Sharing the Magic'이라 명명된 고객소개 프로그램을 도입했다. 이것은 친구나 가정을 소개하는 회원들에게 무료 숙박권이나 사은품을 증정하는 내용이었다.

한국 기업들이 고객 DB를 확보하려는 활동도 전쟁에 가깝다. 백화점이나 할인점, 가전양판점 등의 유통업체들은 물론이고, 여행사, 금융기관, 호텔, 제조업체, 이제는 대학들도 중요성을 인식하고 DB 확보에 주력하고 있다.

이와 같은 방법으로 고객 DB를 만들고 메일이나 광고물 등을 발송하는 것이 가장 기초적인 DB마케팅 형태라 할 수 있다.

2세대 DB마케팅 :
"나는 당신이 지난 여름에 한 일을 알고 있다"

그러나 DB마케팅이 단순히 고객 DB를 모으고 우편물이나 선물 등을 제공하는 형태를 의미하는 것은 아니다. DB마케팅은 2세대로 진화하기 시작한다. 고객의 취향이나 구매행태를 분석해 차별된 서비스와 보상을 제공하는 것이다.

예를 들어, 유통업체에서는 고객회원의 구매기록을 활용하여 특정 제품의 구매가 많은 고객에게는 그 품목에 대해 특별 할인율을 제공해 주거나 깜짝선물을 제공해줄 수도 있다. 또는 당신이 어느 레스토랑을 방문했다고 하자. 종업원이 당신에게 특정 음식에 대해 알러지 반응을 일으킨다는 사실을 알고 조리를 해준다면 고객감동으로 이어질 수 있다.

이러한 방식은 여행업에도 적용할 수 있다. 고객의 관심사나 라이프스타일을 고려하여 여행상품을 개발할 수 있다. 패키지 상품이라도 그 안에서 개인맞춤화가 가능할 수 있는 여건들이 조성되어 있기 때문이다. 이것은 업종에 상관없이 그러한 DB마케팅 전략을 구사할 수 있다.

정보기술의 발달은 고객을 자세히 알 수 있는 상황으로 만들어가고 있다. "나는 당신이 지난 여름에 한 일을 알고 있다"라는 영화제목처럼 고객의 활동과 취향을 파악할 수 있는 인프라가 구축되고 있는 것이다.

'나를 알아주는 사람을 위해서라면 목숨도 버린다' 는 말이 있듯이 기업이 고객을 알아주면 그 고객은 충성고객이 될 뿐만 아니라 입소문 마케팅의 진원지가 될 수 있다. DB마케팅의 본질은 1:1 개인맞춤화에 있기 때문이다.

3세대 DB마케팅 :
"나는 당신이 내년 여름에 할 일을 알고 있다"

기술의 발달은 DB마케팅의 차원을 한 단계 업그레이드하여 3세대로 이행할 것을 요구하고 있다. 3세대 DB마케팅의 핵심은 쌍방향성interaction에 있다. 즉 지금까지의 마케팅은 생산자가 소비자에게 제품을 보내고 광고 등의 정보를 보내는 일방향적인one way 것이었다.

방송식 사고에 익숙해진 생산자들은 브랜드 이미지를 연출했고, 고객의 구매 욕구를 자극하고 감동시키기 위한 '쇼'를 해왔다.

그러나 이제는 고객 분석 방법을 한 차원 높여야 한다. 고객의 신상정보나 구매기록 – 이것은 흔히 RFM 기법으로 분석하는데, 특정 제품을 얼마나 최근에Recency, 얼마나 자주Frequency, 또 얼마나 많은 양Monetary을 구입했는가에 따라 고객을 분석하는 방법이다 –, 또는 피드백 정보 등을 분석한다면 그 고객이 꿈꾸는 미래의 모습은 어떠하며 추구하는 라이프스타일은 무엇인지를 추정해볼 수 있을 것이다.

즉 '나는 당신이 지난 여름에 한 일을 알고 있다' 에서 '나는 당신이 내년 여름에 할 일을 알고 있다' 의 수준으로 끌어올려야 한다는 말이다.

이것은 마케터에게 수준 높은 분석력과 예측력을 요구한다. 그러나 이젠 그것만으로는 고객을 파악하기가 어려운 환경으로 변하고 있다. 개인화의 정도가 높아졌기 때문이다.

 4세대 DB마케팅 : 참여를 통한 피팅

이제 중요한 것은 고객의 참여participation를 유도하는 일이다. 고객의 참여를 이끌어낼 수 있다면 개인맞춤화fitting는 저절로 이루어진다. 반면 고객과의 상호작용이 없다면 분석 자료만으로는 고객의 미래와 라이프스타일을 추정하는데 한계가 있을 수밖에 없다. 이것이 유쾌한 마케팅이 필요해지는 이유다.

다행스럽게도 고객 참여를 위한 동기유발이 쉬워지고 있다. 이제 고객들은 단순히 소비자로 머물지 않는다. 생산과정에 참여하려는 소비자prosumer=producer+consumer가 많아지고 있다.

제일기획은 요즘 소비자의 특징을 P세대라고 명명했다. 적극적으로 참여Participation하려는 성향을 가졌다는 의미다.

예를 들어, 요즘 사람들은 축구경기의 관람자로만 머물러 있지 않고, 응원을 통해 동참하려는 성향을 보인다. 과거에는 선수는 축구경기라는 컨텐츠의 생산자였고, 관중은 소비자로 경계가 뚜렷하게 구분되었지만, 이제는 관중도 컨텐츠의 생산자로 함께 참여하는 것이다.

소비자가 이메일과 스마트한 개인미디어 등의 첨단기기로 무장하면서 힘이 생산자로부터 소비자에게로 이동하고 있다. 문자 메시지나 이메일을 통해 순식간에 수만 명이 상암 경기장이나 광화문에 모일 수 있다.

촛불집회 역시 새로운 현상이다. 그 장면이 인터넷을 통해 실시간 생중계되고, 그 파급력은 상상을 뛰어넘어 두려움을 느끼게 한다. 이제는 과거처럼 권위적이고 수직적인 것은 오히려 역작용을 일으킨다. 또한 UCC나 트위터 등이 활기를 띠는 것도 이러한 추세와 깊은 관계가 있다.

앞으로는 일방향성 커뮤니케이션이 아니라 쌍방향성 커뮤니케이션의 새로운 문법을 익히지 못하는 기업은 도태되고 말 것이다. 또 그에 따라 마켓리더십이 좌우된다.

고객을 끌어들여서 개인맞춤화하려는 노력을 기울이는 기업들이 늘고 있다. 일부 은행에서는 고객이 원하는 번호를 구좌로 준다. 전화국에서 외우기 쉬운 번호를 신청하면 만들어주듯, 은행계좌 번호도 맞춤식으로 해주는 것이다.

그 뿐만이 아니다. 통장명을 아예 고객이 작명하게 하는 사례도 늘고 있다. 개인고객이 자신만의 통장 이름을 짓는 것이다. 재미있는 브랜드명들이 많다. 예를 들어, '에펠탑에서 키스를', 또 어떤 학생은 'MP3 사는 그 날까지'로 지었다. 그 통장은 이 세상에서 하나밖에 없는 나만의 것이 된다. 고객은 이런 유쾌함에서 가치를 느낀다.

스웨덴의 가구회사 이케아Ikea는 한때 사양길에 접어들었다. 가구산업이 전반적으로 침체되면서 이케아 역시 하락했던 것이다. 그랬던 이케아가 지금은 수십 개의 나라에 진출해 있는 글로벌 기업으

■ 고객 참여를 유도해 글로벌 기업으로 도약한 스웨덴의 가구회사 이케애kea

로 도약해 있다. 그 비결이 무엇이었을까?

Do It Yourself. 그것은 바로 DIY 방식으로의 전환에 있었다.

고객이 직접 참여해서 만드는 것이다. 이전의 이케아는 공장에서 만든 가구를 대리점 등의 유통채널로 보내고, 광고를 함으로써 세일즈하는 방식이었다. 이것은 사물의 경제 논리, 즉 하드웨어형 비즈모델이다. 이런 방식을 취하고 있을 때 이케아는 레드오션에 침몰하고 있었다.

이케아는 가구를 통째로 공장에서 만드는 대신 가구 부품들을 모듈화했다. 소품과 모듈 위주로 제품을 만들고 고객이 직접 자신의 취향에 맞게, 또 자신의 가옥 구조에 어울리게 조립할 수 있도록 참여를 유도하기 시작했다.

즉 '고객 참여'라는 정보적 요소를 융합함으로써 정보의 경제 논리, 다른 말로 하면 소프트웨어형 비즈모델로 전환한 것이다. 이러한 유쾌함이 이케아를 블루오션으로 갈 수 있게 만든 원동력이 되었다.

KT, SK, LG 등 국내 IPTV 사업자들도 개인을 끌어들이고 있다. 개인이 만든 UCC나 프로그램을 IPTV에 업로드함으로써 누구든지 채널을 가질 수 있고, 컨텐츠의 거래도 마음대로 할 수 있도록 한 것이다. 개인도 컨텐츠 생산자가 되고 개인사업자가 된다. 그렇게 되면 집에 보유하고 있는 IPTV는 개인별로 다르다. 즉 고객이 스스로 개인맞춤화 TV를 만드는 것이다.

그것은 스마트폰의 경우도 마찬가지다. 사람들이 하드웨어적으로는 같은 스마트폰을 가지고 있지만 그 안의 소프트웨어는 제각각 다르다. 왜냐하면 자신에게 필요한 메뉴와 프로그램을 컨텐츠 장터에서 구입해 깔아놓기 때문이다. 어떤 사람은 일정관리 프로그램을, 어떤 사람은 지도 찾기를, 어떤 사람은 게임을, 이런 식으로 자신만의 개인맞춤화 스마트폰을 구성하는 것이다.

고객을 참여시키고 고객에게 통제권control을 부여한다면 그 파급효과와 위력은 대단할 것이다. 마케터들이 수평적인 마인드로 바꾸고 고객과 함께 축제를 벌이는 태도를 취하기만 한다면, 고객들은 언제든지 참여할 준비가 되어 있다. 또 그렇게 할 수 있는 인프라도 조성되고 있다. 여기에 성공한다면 기업은 큰돈을 들이지 않고도 엄청난 홍보 효과와 매출증대를 이룰 수 있을 것이다.

DB마케팅은 딱딱한 것이 아니다. 또 고객을 분석하고 타깃을 정해서 공략하기 위한 것도 아니다. 지금 기업이 하고 있는 고객관계관리CRM도 패러다임이 달라져야 한다. CRM도 쌍방향으로 전환돼야 하며, 전쟁의 수단이 아니라 놀이의 도구가 되어야 한다.

새로운 마케팅의 명제인 1:1 개인맞춤화는 분석과 공략으로는 불가능하다. DB의 활용도 그런 방식에서 업그레이드돼야 한다. DB마케팅을 통해 고객과 함께 개인화된 가치를 만들어라.

시장구조가 근원적으로 달라지고 고객의 역할이 변하는 마케팅 환경에 적합성을 갖지 못하면 생존 자체가 힘들어진다. 반드시 기억하라. DB마케팅의 핵심은 개인화된 1:1 피팅, 그리고 고객 참여를 통한 쌍방향성에 있다.

핵심 포인트

마켓 구조가 달라지면 마케팅 방법도 달라져야 한다. 이제는 STP 전략으로 기업들이 안고 있는 문제를 해결할 수 없다. 개인맞춤화fitting하지 않고서는 안 된다. 실제로 이 세상 어디에도 평균 소비자란 존재하지 않는다.
이제 중요한 것은 고객의 참여participation를 유도하는 일이다. 고객 참여를 이끌어낼 수 있다면 개인맞춤화는 저절로 이루어진다. 반면 고객과의 상호작용이 없다면 분석 자료만으로는 고객의 미래와 라이프스타일을 추정하는데 한계가 있을 수밖에 없다. 이것이 유쾌한 마케팅이 필요해지는 이유다.

노마드 마케팅
– 시장이 움직이기 시작했다

이동하면서 커뮤니케이션을 가능케 한 트위터는 시장을 한 곳에 고정된 것이 아니라 움직이도록 만들며, 기업과 개인의 노마드화를 가속화시키고 있다. 그러면서 비즈니스 생태계를 바꿔가고 있는 것이다.

노점상의 新풍경

미국 LA에서 'KOGI' 라는 브랜드로 타코 노점상을 하면서 아메리칸 드림을 이룬 한인 2세가 소개된 적이 있다. 그의 이름은 앨리스 신이다.

'KOGI' 브랜드를 단 트럭이 나타나는 곳마다 타코를 사려는 사람들이 장사진을 이룬다. 이들 때문에 교통체증이 유발되기도 한다. 그런데 이들은 트럭이 나타나기 전부터 미리 기다리고 있던 사람들이다.

오랜 시간 팔지도 못한다. 한정수량이 떨어지면 다른 곳으로 이동한다. KOGI의 영업장소나 영업시간도 일정치 않다. 따라서 언제 어디로 가야 KOGI를 살 수 있을지 아무도 모른다. 그런데도 KOGI의 매출은 일반 타코 노점상의 6배가 넘는다고 한다. KOGI는 대박

돌풍을 일으키며 프랜차이즈가 늘어나고 있다.

앨리스 신만이 아니다. 뉴욕에서 '크레이빙스'라는 브랜드로 대만 닭요리와 만두를 파는 토마스 양, 유명 브랜드가 된 '컵케이크스 톱' 등도 있다. 어떻게 이런 기적같은 일이 가능했을까?

이들의 공통점은 한 곳에 머물지 않고 계속 이동하면서 트윗tweets을 날린다는 점이다. 이들은 홍보비 한 푼 들이지 않고 트위터Twitter를 통해 '어디로 가고 있다', '몇 시에 시작하고, 몇 개 한정판매한다' 등의 단문을 팔로어follower들에게 보낸다. 문자를 받은 팔로어들은 미리 와서 기다린다.

사람들이 트럭 앞에 몰려들어 수 십 미터의 줄을 서서 음식을 사가고, 영업이 끝나면 다른 장소로 이동을 한다. 이제 노점상도 소셜 네트워크 서비스의 힘을 활용하는 시대다.

2006년 미국의 잭 도시Jack Dorsey, 에번 윌리엄스Evan Williams, 비즈 스톤Biz Stone이 공동으로 개발한 마이크로 블로그인 트위터가 비즈니스 풍속도를 바꿔가고 있다. 트위터란 '지저귀다'라는 뜻으로, 재잘거리듯이 하고 싶은 말을 그때그때 짧게 올릴 수 있는 공간으로 한 번에 쓸 수 있는 글자수도 최대 140자로 제한되어 있다.

블로그, 미니홈피, 메신저 등을 휴대폰이나 스마트폰으로 융합한 소셜 네트워크 서비스SNS로서, 관심있는 상대방을 뒤따르는 '팔로우follow'라는 독특한 기능을 중심으로 소통 생태계를 형성해 가는 특징을 가지고 있다. 트위터는 페이스북이나 구글의 인수 제의에도 꿈쩍하지 않을 정도로 확고한 자리를 잡아가고 있다.

트위터를 통한 마케팅은 노점상만의 얘기가 아니다. 항공사에서

 마케팅 컨버전스

는 실시간 날씨 정보와 여행 정보를 트위터를 통해 알려주고, 스타
벅스 등에서는 고객의 소리를 트위터를 통해 듣는다. 이들 뿐만이
아니다. 트위터 등의 SNS 전담부서를 만드는 회사들이 늘어나고,
직원 모집 공고를 신문 대신 트위터에 올리기도 한다.

　전자제품 유통업체인 베스트바이Best Buy는 마케팅 간부를 뽑으면
서 '대졸자로서 1년 이상 블로그를 운영했으며, 250명 이상의 트위
터 팔로어가 있는 자' 를 자격조건으로 내걸었을 정도다. 이미 많은
기업들, 그리고 오바마 대통령을 비롯한 수많은 정치인들도 트위터
의 소통 생태계로 들어가 있다.

　이동하면서 커뮤니케이션을 가능케 한 트위터는 시장을 한 곳에
고정된 것이 아니라 움직이도록 만들며, 기업과 개인의 노마드화를
가속화시키고 있다. 그러면서 비즈니스 생태계를 바꿔가고 있는 것
이다.

 ## 택시가 방송국이다?

　TV의 한 프로그램에서 택시 방송국을 소개했다. 택시 안에 웹 카
메라, PC, 방송 송신장치 등 인터넷 방송 장비를 구비해 놓고 달리
면서 실시간 방송을 하는 것이었다. 아침에 일을 시작하면서 택시
기사의 멘트로 방송이 시작된다.

　택시 밖 거리의 풍경을 잡기도 하고, 손님과의 대화도 리얼하게
방영된다. 어떤 손님은 노래를 부르면서 스트레스를 해소하기도 한
다. 또 어떤 손님은 우울한 일이 있어 기분이 울적했는데, 택시를

타고 가면서 그 문제가 해결됐다는 얘기도 했다. 네티즌들의 반응도 뜨거웠다. 실시간으로 글을 올리면서 쌍방향성 대화를 나누는 것이다.

주인공으로 소개된 택시 기사가 차 안을 방송국으로 만들어야겠다는 생각을 한 동기가 있었다. 어느 날 차 안에서 음악을 듣다가 갑자기 눈물이 쏟아졌다. '이런 음악을 누가 틀어줬을까? 이렇게 감동을 주고 즐겁게 해주는 것은 얼마나 보람될까?' 이런 생각에 자신도 고객을 즐겁게 해주기 위해서 평소 좋아했던 인터넷 방송을 결심하게 되었다고 한다.

이 분이 인터뷰를 하면서 이제는 손님을 안전하게 모셔다 주고 친절한 서비스만으로는 안 된다는 얘기를 했다. 고객에게 즐거움을 주고 삶의 문제를 해소할 수 있는 실마리를 주는 것이 자신의 사명이라는 취지였다.

이젠 달리는 택시도 움직이는 방송국이 될 수 있는 환경으로 변하고 있다. 일종의 노마드 방송국인 셈이다. 시장도 미디어도 그 구조와 형태가 변하면서 새로운 비즈니스 생태계를 조성해 가고 있는 것이다.

 ## 노마드의 등장 배경

유목민, 유랑자라는 의미의 노마드nomad는 한 곳에 정착하지 않고 옮겨 다니는 사람을 뜻한다. 사전에는 특정한 가치와 삶의 방식에 얽매이지 않고 끊임없이 자신을 부정하면서 새로운 자아를 찾아가

는 것을 노마디즘이라고 한다.

정보기기가 발달하면서 노트북이나 PDA, 휴대폰 등을 들고 다니면서 업무를 보는 사람이라는 의미의 '디지털 노마드'라는 용어가 생겨났고, 점차 그 수가 많아지고 있는 추세다. 이와 같이 첨단기기로 무장한 개인들이 서로 네트워크network로 연결돼 언제 어디서나 정보를 주고받을 수 있게 된 유비쿼터스 기술혁명은 시장구조에 혁명적인 변화를 일으키고 있다. 시장이 개인화될 뿐만 아니라, 시장을 한 곳에 고정시키지 않고 움직이도록 만들고 있다.

이것은 기존의 시장 개념을 완전히 뒤집는 것이다. 지금까지 시장은 몇 시에 문을 열고 몇 시에 문을 닫는 식으로 시간적인 경계가 있었다. 공간적으로도 시장이라는 장소market place가 존재했다. 그러나 유비쿼터스 환경은 시간과 공간의 경계를 무너뜨리면서 새로운 시장공간market space을 만들어내고 있다.

위에서 언급한 노마드 노점상의 경우를 생각해 보라. 자정이 넘어도 안방에서 얼마든지 필요한 물건을 구매할 수 있다. 안방이 시장이 된 것이다. 스마트 미디어를 통해 휴가지에서 다른 사람들과 얼마든지 필요한 정보를 주고받을 수 있게 되었다. 과거처럼 송금하려고 은행에 갈 필요도 없다. 인터넷 뱅킹이나 모바일 뱅킹을 통해서 숫자만 입력하면 된다. 고객이 서 있는 곳이 곧 은행이고, 시장이 되어버렸다.

산업화 패러다임이 약해지고 유비쿼터스와 같은 정보혁명이 일어나면서 시간과 공간의 경계가 허물어지고 있다. 이젠 일정한 시간에 일정한 장소에 모여서 일하지 않아도 얼마든지 생산이 가능해지고 있다. 새로운 생산양식이 등장하고 있는 것이다. 이것이 시장의 구조 변화에도 적용되고 있다.

노마드의 등장은 이와 같은 배경에 연유한다. 이제는 고정된 눈으로 시장을 분석하고 고객을 바라보아서는 안 된다. 또 근시안적인 시야에 머물러 있다가는 움직이는 고객들을 놓치게 된다.

 ## 이동성 : 모바일 마케팅

마켓의 구조가 달라지면 마케팅 모델도 달라져야 한다. 노마드 마케팅이란 시간과 공간의 개념을 깨뜨리는 작업이다. 노마드들을 붙잡으려는 노력은 모바일을 통해 시작되었다. 휴대폰에 광고 메시지를 보낸다든지 고객이 필요로 하는 정보를 제공하는 형태다.

모바일 마케팅의 가장 원초적인 방법은 휴대폰에 SMSShort Message Service 문자 메시지를 보내는 형태였다. 수신동의를 받은 고객 DB에서 광고주가 원하는 성별, 지역별, 지역 등의 조건에 맞는 고객을 뽑아서 SMS를 보내는 것이다.

공중에다 무작위로 쏘는 대중매체에 비해 일인당 광고비CPM; Cost per Mille가 낮아지고, 또 고객이 수신된 광고 메시지에 관심이 있는 경우에는 통화버튼을 누르면 광고주에게 연결되기 때문에 반응률을 체크할 수 있다는 장점이 있다. 그러나 스팸으로 인식될 수도 있고 자칫 부정적인 이미지를 심어줄 수 있다는 문제점도 있다.

이러한 한계점을 극복하기 위해서 MMSMulti Media Service를 이용하기도 한다. 여기에는 이미지나 동영상, 음성 등의 다양한 형태를 담을 수 있다는 장점이 있다. 지정 고객에게 무료 쿠폰이나 할인권 등을 보내줄 수도 있고, 바코드도 넣어줄 수 있다.

맥도널드는 런치세트의 판매율을 높이기 위해 서울과 6대 광역시에 거주하는 15~39세 남녀에게 런치세트에 대한 광고 메시지를 점심시간 직전에 보냈다. 또 OB맥주는 휴대폰으로 무료쿠폰을 보내주고 그것을 편의점에 보여주면 신제품 맥주 1캔을 고객에게 제공하는 이벤트 행사를 벌이기도 했다.

IT 기술의 발달은 모바일 마케팅의 방법을 계속 업그레이드 시켜왔다. 인공위성을 통해 고객이 있는 위치를 추적할 수 있는 GPS 기술은 고객에게 개인맞춤형 서비스를 제공할 수 있다.

예컨대, 어떤 고객이 어느 백화점 근처를 지나가고 있을 때 고객의 휴대폰으로 무료 체험 쿠폰을 날려줄 수 있다. 또, 점심시간이 임박해서 지정 고객 위치를 파악해 근처의 음식점 정보와 함께 할인쿠폰을 보내주는 방식 등이다. 예기치 못한 시간에 예기치 못한 장소에서 예기치 못한 맞춤형 메시지를 받았을 때 임팩트는 클 수밖에 없다. 이른바 위치기반Location based 모바일 마케팅이다.

갈수록 미디어 기기 간의 경계선이 허물어지는 컨버전스가 일어나고 있다. 그에 따라 단순히 문자나 이미지 등을 보내주던 초기 형태에서 벗어나서 인터넷이 구현할 수 있는 온라인 마케팅 기법들이 모바일로도 가능한 환경으로 변하고 있는 중이다.

특히 트위터 등 SNS의 발달은 모바일 마케팅의 패러다임 자체를 바꿔놓고 있다. 단순히 고객들에게 일방적으로 정보를 제공해 주던 패턴에서 고객참여를 통한 다방향적 방식으로 변해가고 있는 것이다.

기업들은 이러한 변화에 발 빠르게 적응해야 한다. 그러려면 기업의 모바일화가 급선무다. 사고가 유연해져야 하고, 마케팅 방법도 유쾌해져야 한다. 이것이 창조경영의 요체다. '어떻게 하면 고객들에게 유쾌한 경험experience을 할 수 있도록 할까' 라는 아이디어를 창조해 내야 하는 것이다.

이제는 단순하게 제품의 정보를 제공해 주거나 이벤트 행사를 고지하는 수준으로는 고객들을 깜짝 놀라게 할 수 없다. 그런 것들은 고객감동으로 이어지지도 못한다. 생각지 못했던 체험을 할 수 있게 하고, 뜻밖의 즐거움을 주어야 하며, 참신성을 느끼게 해주어야 한다.

이젠 고객에게 칼자루를 줘서 그들이 주도하고 개인맞춤화하도록 해야 한다. 이런 것들이 가능한 것이 모바일 마케팅의 자랑이다. 고객이 상품을 만나고 브랜드를 체험하는 것은 매장에서만 일어나는 것이 아니다. 시장이 고객의 손안으로 들어가고 있기 때문이다. 의외의 시간과 장소에서 의외의 경험을 한다는 것은 브랜드 가치를 높일 수 있는 절호의 찬스가 될 수 있다. 절대 이런 기회를 놓쳐서는 안 된다.

 **연계성 : 긴꼬리 마케팅**

이동성이 노마드의 첫 번째 키워드였다면 두 번째로 중요한 키워드는 연계성이다. 이들은 독립적으로 존재하는 게 아니라 소셜 네

트워크를 통해 서로 연결되어 있으면서 지속적으로 상호 커뮤니케이션이 일어나고 있다는 점을 인식해야 한다.

네트워크로 연결되는 노마드들은 긴꼬리long-tail를 만들어가고 있다. 미국 『와이어드Wired』지의 편집장 크리스 엔더슨이 주창한 이 용어는 적은 판매량을 가진 다량의 물건들이 모여 제법 큰 시장을 형성한다는 개념이다. 즉 과거에는 주목받지 못했던 소수minority가 긴꼬리를 형성하면서 중심 주체로 부상하고 있는 것이다.

예를 들어, 아마존닷컴의 주 수익은 베스트셀러가 아니라 사소하게 보였던 개미군단과 같은 책들이다. 이것은 기존 파레토의 80/20 법칙과 상반되는 현상이다. 즉 과거에는 20%에 해당하는 메이저들이 80%의 수익을 올렸는데, 이제는 소수 마이너의 수익이 커져 가는 역전현상이 일어나고 있다.

검색 광고 업체들의 경우도 비슷하다. 검색 광고의 주류는 대형광고주들이 아니다. 꽃배달, 웨딩샵, 렌터카 등의 군소업체들이 주류를 형성하고 있다. 예전 같으면 광고비 부담으로 대중매체를 활용할 수 없었던 작은 기업들이 인터넷과 모바일의 발달로 날개를 달 수 있게 된 것이다. 이들이 작지만 긴long 매출을 올리고 있다.

노마드들이 머리에서 꼬리로의 힘의 이동을 주도하고 있다. 이러한 현상은 마케터를 당황하게 만들 수밖에 없다. 과거에는 20%의 선도자를 선택해서 집중하면 됐지만 지금은 어디에 집중할지 중심을 잡기 어려워졌기 때문이다. 비즈니스 맥을 발견하기가 어려워졌다는 말이다.

지금까지 입소문 마케팅의 진원지는 오피니언 리더opinion leader였지만, 점점 어디서 터질지 모르는 상황으로 변해가고 있다. 델Dell컴퓨터는 고객서비스를 소홀히 했다가 홍역을 치뤘다. 애프터서비스를 위해 방문한 직원이 고객에게 불친절하게 응대했는데, 이에 불만을 품은 고객이 동영상을 인터넷에 올리면서 급속하게 번지는 바람에 델의 매출은 추락했다. 이후 델은 매출 회복에 많은 시간과 비용을 지불해야 했다.

반대로 좋은 사례는 입소문만 타면 기업 입장에서는 광고비 한 푼안 들이고 파격적인 홍보 효과를 누릴 수도 있다. 그 진원지는 초등학생일 수도 있고 인터넷 폐인일 수도 있다. 꼬리 어느 부분에서 무엇이 터질지 예측하기 어렵다.

 전방위성 : 홀리스틱 마케팅

이러한 환경 변화는 세분화, 타깃팅 등의 기존 개념을 무색하게 만들고 있다. 이제는 전방위적으로 고객과 관계를 맺고 매우 개별적인 만남을 가져야 한다. 그래서 등장한 개념이 홀리스틱holistic 마케팅이다. 홀리스틱이란 용어는 그리스어인 holos에서 파생된 것인데, 전체whole, 건강health, 치유healing, 신성holy 등과 같은 어원이다.

필립 코틀러가 제시한 홀리스틱 마케팅의 개념은 다양한 터치포인트touch point를 통해 고객과 접촉하면서 동시에 개별적으로 고객욕구에 맞춰주는 것이다.

과거에는 고객과 접촉touch하는 방법이 매장이나 대중매체를 통한 광고나 PR, 프로모션 정도였지만 이제는 IT와 과학기술의 발달로 셀 수 없이 다양해지고 있다. 또한 고객의 욕구도 세분화를 넘어 개인화되고 있다.

코틀러는 『마케팅 무브Marketing Move』에서 표적시장의 구성원들이 거의 유사한 욕구를 가지고 있다는 현재의 가정에서 진일보하여, 보다 개별적인 고객욕구와 소비패턴을 분석해서 이에 부합하는 마케팅 활동을 벌여야 한다고 주장하고 있다. 즉 다수대중을 상대로 한 융단폭격식 홍보와 마케팅 방식에서 벗어나 개별 고객에 초점을 맞춘 후, 다양한 터치포인트를 활용해서 일대일 마케팅을 해야 하는 상황으로 변하고 있는 것이다.

이것은 쉬운 일이 아니다. 아무리 IT와 과학기술이 발달했다 해도 창의적인 상상력 없이는 불가능한 일이다. 때문에 유쾌한 마케팅이 필요해지는 것이다. 독창적인 유쾌한 마케팅 사례를 독일의 지멘스Siemens사가 보여줬다. '엑사이더Excider' 라는 마케팅 프로그램이 그것이다.

지멘스는 열차를 임대해서 내부를 전시장으로 개조했다. 그러고는 각 칸마다 자신의 사업부문을 배치했다. 한 칸은 공장자동화, 한 칸은 의료기기, 다른 칸은 전자부문 전시장 등으로 꾸민 것이다.

전시장으로 바뀐 열차는 독일의 주요 역을 순회하기 시작했다. 기차역에 정차한 엑사이더 열차에서는 전시회가 열린다. 미리 그 지역에 홍보를 하고 이벤트도 동시에 진행한다. 전시회를 찾은 고객과의 상담도 즉석에서 이루어지고 계약도 맺는다.

엑사이더 열차는 독일의 주요 지역을 순회한 후 유럽의 다른 나라들을 투어했다. 유럽 순회를 끝낸 이 열차는 러시아를 거쳐 중국으로 넘어갔다. 중국 투어 후에는 열차를 배에 싣고 미국으로 건너가서 프로그램을 마쳤다. 세계 일주를 한 셈이다.

엑사이더 프로그램은 마케팅 컨버전스의 좋은 사례라고 할 수 있다. 과거에는 광고 따로, 홍보 따로, 전시회 따로, 상담 및 세일즈 따로였지만 엑사이더 프로그램에서는 이 모든 것들이 동시간으로 융합되었다. 또한 고객이 있는 곳으로 찾아가서 개별적인 고객욕구를 충족시키는 홀리스틱 마케팅, 노마드 마케팅을 펼쳤다. 즉 시간과 공간의 경계를 허문 것이다.

지멘스는 엑사이더 프로그램이 실매출로 연결되었기 때문에 비용의 몇 배에 달하는 이익을 거두었다. 돈을 벌면서 홍보 효과를 톡톡히 누린 셈이다. 하이얼Haier은 엑사이더 프로그램을 벤치마킹해서 중국에서 성공을 거두었다.

이제 언제 어디에 있든지 개개인을 연결시켜주는 소셜 네트워크의 진화는 홀리스틱 마케팅의 좋은 인프라를 제공하고 있다. 지금과 같이 시장구조가 급변하는 환경에서 기업이 개인맞춤화 서비스를 하기란 사실상 불가능하다.

새로운 소통 네트워크 안으로 들어가서 그들과 대화하고 어울리면서 고객과 기업이 하나되는 마케팅 놀이play방식으로 전환해야 한다. 결국 이것이 개인맞춤화로 발전하고, 고객감동으로 이어진다.

이렇게 마케팅은 유쾌해질 수 있다. 기존의 틀을 깨뜨리고 고정관념에서 벗어나면 새로운 시야를 얻을 수 있고 블루오션도 발견할 수 있다.

기동성 : 빠른 기업이 느린 기업을 이긴다

노마드들의 세 번째 키워드는 스피드speed다. 초고속에 길들여진 노마드들은 화면이 느린 것을 참지 못한다. 화면뿐만 아니라 마케팅 욕구 충족이 지연되는 것도 그렇다. 고객들은 이제 시간에서 가치를 느끼기 시작했다.

고객의 시간을 절약하는 것은 매우 결정적인critical 마케팅 포인트가 되고 있다. IT 기술의 발달은 시간을 절약할 수 있는 단초들을 제공한다. 사물의 경제 논리에서 불가능했던 일들이 정보의 경제 논리로 전환하면 가능해진다이에 대해서는 '시간 마케팅' 장을 참조.

칭기즈칸의 기병은 4,000km를 10일 만에 달렸다고 한다. 하루에 400km를 달린 셈인데, 이 거리가 서울−부산 간이고 그 당시 도로 상황을 감안하면 대단한 일이다. 이러한 스피드가 천하를 제패하게 만든 원동력이 된 것이다.

그 당시 칭기즈칸의 부족은 인구수도 많지 않았고, 환경이나 문명의 관점에서 보더라도 천하의 중심에 서리라고는 예측할 수 없는 변방의 오랑캐였다. 12~13세기 세상의 중심은 중국과 이슬람제국이었다. 요즘 표현으로, 그들은 잘 나가고 있었다. 그러나 그들은 안주했고 느렸다.

유목민인 몽고족들은 항상 이동하면서 상황에 대처하는 능력이 몸에 배어 있었다. 한곳에 머무르지 않고, 또 작은 성공에 안주하지 않고 끊임없이 자신을 부정하며 업그레이드시키는 노마드 기질이 천하를 얻게 된 요인이 됐다.

칭기즈칸이 활동하던 13세기는 이전의 패러다임이 저물면서 새로운 패러다임으로 이동하는 시기였다. 문화인류학자 잭 웨더포드가 『칭기즈칸, 잠든 유럽을 깨우다』에서 지적했던 것처럼 유럽을 공격했던 칭기즈칸은 당대 최고의 인류문명이 그 당시에는 변방에 불과했던 유럽까지 흘러들어가게 해 르네상스와 산업혁명으로까지 이어지게 했다.

산업화 시기에는 큰 기업이 작은 기업을 이겼다. 그러나 힘의 이동이 일어나면서 규모가 승패를 좌우하는 것이 아니라 스피드가 승패를 좌우하게 됐다. 이제는 빠른 기업이 느린 기업을 이긴다. 노마드성을 이해하지 못하고 체질화하지 못하는 기업은 생존조차 힘들어지게 될 것이다.

 ## 유쾌한 노마드가 돼라

우리나라가 디지털에 강한 것은 민족의 유목성이나 기마성에 기인한다는 분석은 의미심장한 얘기다. 지속적인 혁신과 업그레이드, 이것이 노마드 족의 특징이다. 또한 경계선 안에 안주하지 않고 끊임없이 자신의 영역을 넓힌다.

시장이 점차 사라지고 있다. 얼마 후면 '내가 알고 있던 시장이 어디 갔지?' 하면서 어리둥절해질 것이다. 이동이 일어나고 있는 것이다. 시장구조가 달라지고 움직이기 시작하면서 기존의 마케팅 방식도 구식이 되고 있다. 기존의 패러다임에 젖어있는 마케터들에게는 이해하기 어렵고 해석이 되지 않는다.

문제가 어렵게 느껴지는 것은 지금까지 보던 것과 다르기 때문이다. 때문에 기존의 방식으로는 새로운 문제를 풀 수 없을 뿐만 아니라 오답일 확률이 높은 것은 너무나도 당연한 이치다. 어려운 문제에 봉착해 있다면 자리를 박차고 밖으로 나가 보라.

기존의 틀과 경계선 안에서 묘수를 찾으려 하지 마라. 그 안에서 묘수풀이 해봐야 두 집 나고 사는 정도다. 바둑의 격언에 두 집 나고 살면 진다는 말이 있다. 어려운 문제를 풀려면 유쾌한 노마드가 되어야 한다.

과거 대초원을 지배했던 투르크 제국의 한 비문에는 이런 말이 새겨져 있다고 한다.

"성을 쌓고 사는 자는 반드시 망할 것이고, 끊임없이 이동하는 자만이 살아남을 것이다."

핵심 포인트 •••••••••••••••••••••••••••••••

이동하면서 커뮤니케이션을 가능케 한 트위터는 시장을 한 곳에 고정된 것이 아니라 움직이게 만들며, 기업과 개인의 노마드화를 가속화시키고 있다. 그러면서 비즈니스 생태계를 바꿔가고 있다.
이제까지 시장은 시간적인 경계, 공간적인 장소가 존재했다. 그러나 유비쿼터스 환경은 시간과 공간의 경계를 무너뜨리면서 새로운 시장공간 market space을 만들어내고 있다.

시간 마케팅
– 고객과 친밀한 개인적인 시간을 늘려라

이제는 시간절약time saving의 차원에서 시간에 가치를 부여한time valuing 전략으로 업그레이드해야 한다. 그것은 지식기반사업으로의 전환을 의미한다. 시간이라는 자원은 누구에게나 공짜로 공평하게 주어지지만 그것을 가치로 전환한다면 엄청난 무기가 될 수 있다.

시간의 재발견

인류가 언제부터 하루에 세끼를 먹기 시작했을까? 태초부터 아침, 점심, 저녁 시간을 정해놓고 식사하는 라이프스타일을 가지고 있었을까? 그렇지 않다. 생각해 보라. 농경 사회에서는 식사 시간을 정해 놓을 필요가 없었다. 그냥 배고플 때 먹으면 됐다.

일반인들 머리에 시간이라는 개념이 들어오게 된 것은 산업혁명 이후다. 산업혁명의 결과 기업이라는 대량mass생산 시스템이 만들어졌고, 9시에 만나서 일을 시작하고 6시에 끝내자는 시간의 경계가 생겼으며, 시간 개념이 경제에 도입되기 시작했다. 따라서 아침, 점심, 저녁 식사 시간이라는 개념도 생겨나게 되었다.

아빠가 출근할 때 아이들은 학교에 간다. 학교란 산업혁명 이후 대량교육의 필요성에 따라 생겨난 시스템이다. 그러려면 아침 식사 시간을 정해야 하고 점심 시간, 저녁 시간 역시 마찬가지다.

물시계, 해시계, 불시계, 모래시계 등이 있었지만 기계의 원리로 시계가 만들어지고 일반인들의 손목에 채워지게 된 것은 불과 100~200년도 안 된다.

산업 사회로 이행되면서 시간은 생산의 효율성을 높이는데 지대한 기여를 했다. 즉 인간이 시간이라는 자원을 경제행위에 활용하게 되면서 생산성은 가파르게 상승했다. 시간의 발견, 이것은 혁신적인 일이었다.

산업화 초기, 기업들이 시간 개념을 활용한 것은 매우 단순했다. 근무 시간, 개장 시간 등을 정해 놓고 기업 활동을 하는 정도였다. 그러나, 그것만으로도 이전과 비교했을 때 생산성은 비교할 수 없을 정도로 향상될 수 있었다.

 ## 1차원 시간 마케팅 : time attack

뛰어난 마케터들은 그 수준에서 한 단계 먼저 치고 올라갔다. 시간이라는 자원을 마케팅에 활용하기 시작한 것이다.

"12시에 만나요, 부라보콘"

"일요일엔 오뚜기 카레"

시간 마케팅의 원조라 할 수 있는 히트 상품들은 남보다 앞서 시간이라는 자원을 자신의 브랜드 이미지와 접목시키는 발빠른 전략으로 성공을 선점할 수 있었다. 시간은 누구에게나 공평하게 주어지는데 남들이 보지 못하는 통찰력을 지녔던 마케터 달인들은 시간을 쉽게 흘려보내지 않았다.

시간 마케팅의 유형은 다양해지면서 시간대에 따른 가격차등화 형태로도 발전하고 있다. 신한카드는 3 · 6 · 9 게임에서 아이디어를 얻어 369데이 캠페인을 벌인데 이어, 오전 시간대에 쓸 때 다양한 할인혜택을 받을 수 있는 '아침애愛카드' 도 출시했다.

이에 맞서 SC제일은행은 파격적인 '공짜타임' 이벤트로 대응했다. 하루 중 특정 2분씩을 정해 그 시간에 카드를 쓴 고객을 대상으로 추첨을 통해 결제금액을 돌려주는 것이다. 시간도 점점 세분되어 일 단위에서 시간 단위로, 또 분 단위, 초 단위로 쪼개지고 있다.

카드업계 뿐만이 아니다. 유통업체에서는 유통기한이 임박한 제품을 파격적인 가격으로 할인한다. 영화 조조할인은 오래됐고, 게임업계, 운송업 등도 시간에 따른 가격 차등제를 실시하고 있다.

역逆경매라는 아이디어로 성공을 거둔 미국의 프라이스라인 **www.priceline.com** 역시 시간을 마케팅에 잘 접목시킨 사례라고 할 수 있다. 비행 시간은 임박했는데 좌석이 차지 않은 항공사의 경우, 빈 좌석으로 가나 싼 가격으로 태우고 가나 원가 차이가 없다. 이 때 고객이 자신이 원하는 가격을 프라이스라인에 올려놓고, 그 가격에 맞출 수 있는 항공사가 응찰하는 역경매 방식이다. 역경매는 시간을 교묘하게 비즈니스에 접목시킨 아이디어라 할 수 있다.

 **2차원 시간 마케팅 : time saving**

이와 같은 시간대별 공략time attack이 시간 마케팅의 한 유형이라

면, 고객의 시간을 줄여주는 전략time saving도 매우 중요한 요소가 되고 있다. "시간은 누구나 판매할 수 있는 가장 가치있는 상품이 되었다"라고 주장하는 D. F. 앨드리치는 『디지털시장의 지배』에서 캘리포니아의 스키리조트 노드스타에서 고안한 전자 우대스키회원 프로그램인 '버티컬 플러스Vertical Plus'에 대해 다음과 같이 소개하고 있다.

"전통적인 우대스키회원 프로그램은 티켓과 음식, 숙박 등의 할인에 초점을 맞추었다. 반면 버티컬 플러스는 회원에게 가치있는 추가적인 일용품을 제공함으로써 고객 로열티를 구축한다.

버티컬 플러스 회원은 자신의 얼굴이 새겨진 마이크로 칩 손목밴드를 차는데, 그것은 각 리프트에 있는 특별한 출입구를 통과할 수 있는 권리를 준다. 교통이 혼잡한 시간에 고속도로 위에 늘어서 있는 차들을 생각해 보라. 그러면 당신은 이것이 얼마나 매력적인 아이디어인지 알 수 있다.

마이크로 칩은 리조트 전체에 구현된 전자 표시를 스캔하기 위한 바코드 기술을 사용한다. 그리고 자동적으로 회원이 스키를 탄 고도의 수치를 기록한다. 그 숫자가 증가하면 그에 따라 상품을 준다. 회원들은 손목밴드로 리프트 티켓, 음식, 음료, 스키강습, 심지어 아이들 보호대금까지 지불할 수 있다. 그들은 스키를 타면서 전자메시지를 보내고 받을 수 있다. 이 모든 혁신은 스키어들이 스키장에서 원하는 무언가를 극대화시키기 위해서 디자인되었다. 그들이 바라는 것은 바로 실제 스키를 타는 시간이다."

몇 년 전, 가족들과 놀이공원에 갔다가 노드스타의 사례가 생각났다. 휴일이라 그런지 놀이기구마다 대기 시간이 길었다. 놀이시설 하나를 타려면 최소 1시간 이상을 서서 기다려야 했다. 기다리면서 짜증이 나기 시작했다.

할일없이 1시간 이상을 줄 서 있다는 것은 대단한 인내심 없이는 불가능하다. 밖에 서 있을 때는 그래도 좀 낫다. 실내로 들어가면 지그재그로 줄을 세우는데 정말 고역이 아닐 수 없었다. '다시는 여기 안 온다'라고 굳세게 결심했다. 부정적인 브랜드 경험이 각인된 것이다.

줄을 서면서 '내가 만약 이 회사 마케터라면 어떻게 이 문제를 해결할 수 있을까'를 생각해 보았다. 기다리는 시간을 개인맞춤화하고, 한발 더 나아가 기다리는 시간을 오히려 즐겁게 느낄 수는 없을까를 생각한 것이다.

사물의 경제 논리로 이 문제를 해결하려면 땅을 더 사고 놀이기구도 더 많이 설치하는 수밖엔 없다. 그러려면 돈이 많이 든다. 그러나 사고를 전환해서 정보의 경제 논리로 해결책을 찾아보면 방법이 있을 수 있다.

자유이용권을 사면 손목에 밴드를 채워주는데 그것을 노드스타처럼 전자밴드로 바꾸면 어떨까 하는 생각이 들었다. 그리고 어떤 놀이기구를 타려고 신청하면 탈 수 있는 시간에 전자밴드로 메시지를 주는 것이다.

고객은 그 시간 동안 밥을 먹을 수도 있고, 구경하다가 예약된 시간에 놀이시설을 타면 될 것이다. 패밀리 레스토랑들이 기다리는 고객에게 부저를 통해 메시지를 주듯, 이제 우리나라 IT 기술력이면 그 정도는 문제가 되지 않는다.

또 실내의 벽도 하얗게 비워놓을 것이 아니라 재미있고 유익한 컨텐츠들로 채울 수 있지 않을까? 그렇다면 기다리는 것이 지루하지 않을 뿐만 아니라 기다리는 것이 오히려 즐거움이 될 수 있다.

마지막으로 후룸라이드수중레일를 타고 나오는데 디카로 찍은 가족사진이 걸려 있었다. 그것을 보면서 하강할 때 미리 설치된 카메라로 찍은 것임을 알았다. 놀이기구를 타면서 망가진 모습을 디카로 찍었다가 그 사진을 "즐거운 시간 보내셨나요? 부족한 점이 있으면 언제든지 얘기해 주세요"라는 멘트와 함께 회원의 이메일로 보내준다면 그것이 바로 개인맞춤화 서비스가 된다. 즉 놀이공원 브랜드에 대한 개인화된 경험을 갖게 해주는 일이다.

이렇게 하면 고객들이 연간 회원에 가입하려고 줄을 설 것이다. 이런 아이디어들은 좋은 브랜드 경험을 만드는 일이고, 고객과 공동으로 놀이를 통해 브랜드 가치를 높일 수 있는 방법이 될 수 있다.

고객은 기다리는 것을 지루한 시간낭비라고 생각한다. 따라서 고객의 시간을 절약해 주는 스피드speed 마케팅은 그만큼 가치있다. 화물운송업체들은 인공위성 위치추적기술인 GPS 시스템을 활용하여 배달시간을 획기적으로 줄일 수 있었을 뿐만 아니라, 고객이 보낸 화물이 지금 어디쯤 가고 있는지 홈페이지를 통해 알려줌으로써 개인맞춤화 서비스까지 제공하고 있다.

모빌Mobil은 모빌스피드패스 시스템을 구축했는데, 가입 고객에게 제공되는 조그만 트랜스폰더 장치를 열쇠고리나 차에 부착하면 주유기가 작동하고, 주유 후에도 신용카드나 현금으로 결제하는데 시간을 허비하지 않고 그대로 차를 몰고 갈 수 있다. RFID 기술로 이런 일들은 얼마든지 가능하다. 모빌은 스피드패스 시스템을 통해 20% 가량의 매출증가를 이룰 수 있었다고 한다.

국내에서도 스피드 마케팅의 사례가 증가하고 있다. 온라인 업체들의 스피드 경쟁은 갈수록 치열해진다.

3차원 시간 마케팅 : time valuing

고객의 시간을 절약해 주는 것은 고객충성도를 높이고 브랜드 가치를 제고해 준다. 그러나 아무리 노력해도 물리적인 시간은 존재한다. 따라서 기다리는 시간이 오히려 즐겁게 느껴지도록 만드는 마케팅 전략이 필요하다. 그러기 위해서는 각종 컨텐츠, 재미 요소 등을 융합하는 노하우를 익혀야 하며, 많은 제휴를 맺어야 한다.

슬로우푸드slow food가 그러한 사례라고 할 수 있다. 패스트푸드가 스피드 마케팅의 전형이라면 슬로우푸드는 그것을 역으로 이용한 것이다. 슬로우푸드는 기다림을 미화시켰다. 그것이 가능했던 것은 웰빙 트렌드의 영향도 있겠지만, 음식에 문화나 건강 등의 요소를 융합한 데 있었다. 기다리는 시간에 가치를 부여한 것이다.

이제는 시간절약time saving의 차원에서 시간에 가치를 부여한time valuing 전략으로 업그레이드해야 한다. 그것은 지식기반사업으로의 전환을 의미한다. 시간이라는 자원은 누구에게나 공짜로 공평하게 주어지지만 그것을 가치로 전환한다면 엄청난 무기가 될 수 있다.

배달 전문인 도미노피자는 시간을 놓고 고객과 게임을 벌인다. 주

■ 배달 전문인 도미노피자는 시간을 놓고 고객과 게임을 벌인다

문한 피자가 배달 시간 30분을 넘기면 돈을 안 받는 것이다. 또 일부 레스토랑에서도 주문한 음식이 15분 내에 안 나오면 가격을 대폭 할인해 준다. 이 아이디어는 기다리는 시간을 긴장감있게 만들어준다. 게임의 원리를 융합했기 때문이다.

수 년 전에 TV에서 온갖 종류의 삼겹살을 소개하는 프로그램을 본 적이 있다. 제작진이 전국의 특이한 삼겹살집을 투어하면서 소개하는 내용이었다. 와인숙성 삼겹살, 된장숙성 삼겹살, 금가루 삼겹살 등등 재미있는 것들이 많았다. 마지막 하이라이트가 '3초 삼겹살'이었다. 호기심에 TV 앞으로 다가갔다.

내용은 이렇다. 강원도 횡성에 숯 굽는 마을이 있는데, 숯을 꺼낸 가마 안의 온도가 수천 도가 된다. 부삽에 삼겹살을 얹고 가마 안으로 집어넣어 3초 후에 꺼내는데 김이 모락모락 나면서 맛있게 익어 있다. 그 이름이 '3초 삼겹살'이란다. 주민들이 가위로 썰어서 한

점씩 먹는 장면을 보여주는데 침이 절로 넘어갔다.

프로그램을 보면서 농촌이 부흥하는 비결이 저기에 있다는 생각이 들었다. 산업화 사회로 이행되면서 농촌은 가치 사슬의 중심에서 멀어졌다. 즉 농경 사회에서 산업화 사회로 오면서 가치가 농촌에서 도시로 이동한 것이다.

그러나 나는 지식정보사회로 이행되면서 그 가치가 다시 농촌으로 유턴할 수 있다고 믿는다. 그 방법은 농촌을 단순히 '생산기지'로 볼 것이 아니라 '비즈니스 센터'의 개념으로 전환하는 데 있다.

마을에서 숯을 구워서 팔면 부가 가치를 얼마나 창출할 수 있을까? 그러나 '3초 삼겹살'과 같이 문화와 재미를 융합한다면 관광업으로도 발전할 수 있고, 스토리 산업이 될 수도 있다. 농촌은 신新르네상스를 맞이할 수 있는 무기인 추억, 어린 시절, 어머니 등 좋은 문화코드를 가지고 있다. 이것은 하드웨어형 비즈니스 모델에서 소프트웨어형 비즈니스 모델로, 자본기반사업에서 지식기반사업으로 전환하는 것을 의미한다.

3초 삼겹살은 3초라는 시간을 가치로 전환시킨 기막힌 시간 마케팅 아이디어다. 또 요즘은 복고 마케팅의 바람도 불고 있다. 추억산업nostalgia industry이라는 용어도 생겼다. 이런 아이디어도 과거라는 시간에 의미를 부여하면서 가치로 전환한 사례로 볼 수 있다.

반대로 미래를 상품에 융합하는 전략도 세울 수 있다. 미래 체험을 상품화한다든지, 고객이 꿈꾸는 미래 실현을 도와주기 위해서 새로운 라이프스타일을 제안하는 마케팅 프로그램을 만들 수 있다. 고객의 상상력을 자극하는 미래 마케팅이 위닝샷이다.

4차원 시간 마케팅 : time fitting

시간이라는 자원을 어떻게 융합해서 가치로 전환하는가에 따라 시장 리더십이 결정된다. 그런데 여기서 한 걸음 더 나아가 4차원으로 업그레이드시켜야 한다. 그것은 시간이 개인화됨을 깨닫는 데서 시작한다.

고대 그리스어에는 시간을 의미하는 단어가 두 가지였다. 'chronos'와 'kairos'다. 크로노스chronos는 흘러가는 시간, 즉 연대기적인 시간을 의미하고, 카이로스kairos는 각각의 사물에 주어진 고유의 때를 의미한다.

이제 고객들이 스마트 미디어로 무장하면서 누구나 언제 어디서나 정보를 주고받을 수 있는 유비쿼터스 환경이 조성되었다. 현재 일어나고 있는 유비쿼터스 혁명은 사회구조, 시장구조를 개인화 구조로 변환시키고 있다.

산업화 사회에서는 9시에 모여 6시에 헤어졌지만, 점차 그런 공식들이 깨지고 있다. 할인점의 영업시간은 정해져 있지만, 12시가 넘어도 안방에서 사고 싶은 상품을 구매할 수 있다. 컨버전스가 일어나면서 시간의 경계선이 허물어질 뿐만 아니라 시간소비도 개인화되고 있다.

이러한 변화는 기업에게 새로운 통찰력을 요구한다. 시간 마케팅도 개인맞춤화하지 않으면 안 된다. 시간 마케팅의 개념을 크로노스 마케팅chronos marketing; 일반적인 시간 마케팅으로만 보지말고 카이로스 마케팅kairos marketing; 개인화된 시간 마케팅의 차원에서도 생각해야 한다.

라이프스타일이 다양해지면서 고객의 시간 소비행태도 개인화되었다. 개인별로 다른 시간공략time attack이 필요하고, 개개인이 원하는 가치로 전환time valuing해야 한다. IT 기술이나 커뮤니케이션 기술의 급속한 발달은 개인맞춤화한 시간 마케팅을 얼마든지 가능하게 할 수 있다.

기업과 개인 간의 1:1 접촉, 둘만이 공유하는 비밀스러움은 고객을 감동시키고 지속적인 관계를 유지하게 만든다. 이제는 고객을 대중으로 보지말고, 통계 상에서나 존재하는 평균고객이라는 허상도 좇지 마라. 고객이 자신에게 주어진 삶의 시간을 가치있게 쓸 수 있도록 정보도 제공하고 도와주며 섬기는 것, 그것이 시간 마케팅의 핵심이다.

 ## 고객과 함께하는 시간을 늘려라 : time share

고객과 함께하는 시간이 늘어나면 시간점유율이 커진다. 이제는 시장점유율market share이 아니라 시간점유율time share이 무엇보다 중요한 경영성과 척도가 되어야 한다.

기존의 가치 사슬이 붕괴되고 업종 간 경계선이 무너지는 컨버전스 현상이 일어나면서 시장점유율의 의미가 퇴색되고 있다. 지각변동이 일어나면서 땅 자체가 없어지기도 하고 영역이 뒤섞이기도 하는데 거기서 땅을 몇 % 더 차지하고 잃는 것이 무슨 의미가 있겠는가?

미국 AOL의 경영자는 시간과 경쟁 중이라고 언급했다. 고객의 시간을 빼앗는 거라면 닌텐도건, 나이키건 무엇이든지 경쟁이 될 수 있다는 말이다. 이러한 생각은 자신의 정체성을 재정립하는데 큰 도움이 된다.

> "이러한 견해는 기업이 그들의 시장을 정의하고 접근하는 방법을 바꾸어 놓는다. 그것은 왜 AOL이 자신을 단순히 ISPInternet Service Provider나 포털사이트가 아니라 엔터테인먼트 & 정보기업으로 규정하는지 설명될 수 있다."_컨버전스 마케팅, 336-337쪽

이렇듯 시간에 대한 패러다임을 재정립하면서 근시안에 머물지 않고 넓은 시야로 비즈니스 생태계의 지각 변동을 이해한다면 강력한 마케팅 인사이트를 얻을 수 있다.

첫째는 사업에 대한 새로운 비전을 설정할 수 있다. 많은 기업들이 레드오션을 호소한다. 어떻게 해야 레드오션의 악순환을 벗어날 수 있는지, 어느 방향으로 치고 나가야 할지, 또 무엇을 혁신innovation해야 할지 고민하는 기업이 늘어나고 있다. 그것을 해결할 수 있는 열쇠는 자신의 정체성을 넓은 시야에서 재정립하는 것이다.

컨버전스가 일어나면서 기존의 정체성으로는 밀려오는 물결을 막을 수 없다. 비전과 사명을 재정립하지 않고서는 안 된다. 눈이 뜨이면 길이 보이는 법이다.

두 번째 유익은 비非수요를 발견할 수 있는 통찰력을 제공한다. 블루오션으로 가려면 먼저 경계를 허물고convergence, 비非수요를 발견

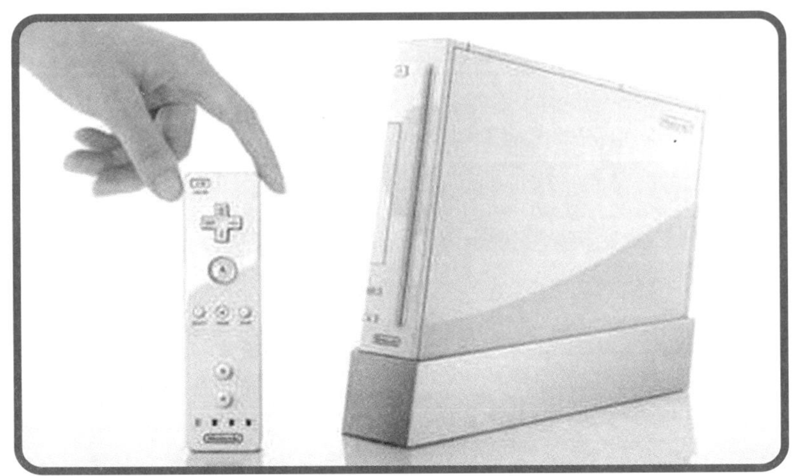

■ 고객과 함께하려면 먼저 경계를 허물고 비수요를 발견해야 한다

할 수 있어야 한다. 비수요란 우리제품을 구매·사용하지 않을 때 발생하는 현상이다.

나이키와 닌텐도의 예를 들어 보자. 한 고객이 닌텐도 게임을 즐기고 있을 때 나이키의 비수요가 발생한다. 닌텐도가 고객의 시간을 점유하고 있는 것이다. 그렇다면 나이키 입장에서는 어떻게 시간점유율을 늘일 수 있을까?

고객이 닌텐도를 못하게 하고 나이키만 사용하는 아이디어를 내야 할까? 그것은 사물의 경제 논리다. 나이키가 닌텐도와 제휴해서 ‘나이키 게임’ 을 개발하고 즐기게 한다면 고객은 그 시간에 나이키라는 브랜드를 사용하고 있는 셈이 된다.

나이키사로서는 이것이 또 하나의 수익모델이 될 수도 있다. 닌텐도 입장에서도 컨텐츠가 더 늘어나는 이점이 있고, 나이키라는 세계적인 브랜드와 제휴했다는 점에서 신뢰도를 높일 수 있다. 서로

마케팅 컨버전스

가 윈윈하는 결과다. 이것이 정보의 경제 논리로 문제를 푸는 방식이고, 그래야 마케팅이 유쾌해진다.

만약 나이키가 멋지고 더 기능이 뛰어난 제품을 개발·생산·판매하는 데 마케팅 초점이 맞춰져 있다면 절대 블루오션으로 갈 수 없다. 고객이 나이키에서 원하는 것은 제품이라는 사물이 아니다.

건강, 웰빙, 문화, 유쾌함 등의 정보적 요소가 핵심 가치다. 나이키가 고객의 시간점유율을 늘이기 위해서는 마케팅의 초점이 바로 여기에 맞춰져야 한다. 또 이것이 블루오션으로 가는 새로운 가치 방정식이다.

고객과 함께 즐기는 유쾌한 시간을 늘려라. 고객의 시간을 많이 점유하는 브랜드가 시장을 점유하게 될 것이다.

핵심 포인트

둘만이 공유하는 비밀스러움은 고객을 감동시키고 지속적인 관계를 유지하게 만든다. 고객이 자신에게 주어진 시간을 가치있게 쓸 수 있도록 정보도 제공하고 도와주며 섬기는 것, 그것이 시간 마케팅의 핵심이다.
시간에 대한 패러다임을 새롭게 정립하면서, 근시안에 머물지 않고 넓은 시야로 비즈니스 생태계의 지각 변동을 이해한다면 매우 강력한 마케팅 인사이트를 얻을 수 있다.
고객과 함께 즐기는 유쾌한 시간을 늘려라. 고객의 시간을 많이 점유하는 브랜드가 시장을 점유하게 될 것이다.

페르소나 마케팅
– 또 하나의 '나'가 활동한다.
고로 '나'는 존재한다

인간의 다중성을 이해하고 페르소나 속에 숨어있는 진짜 '고객'의 음성에 귀 기울여야 한다. 이 젠 고객을 일방향적인 분석의 대상이 아니라 함께 축제를 벌이면서 가치를 창출해야 할 파트너로 인식해야 한다.

로또와 성형외과는 임대업이다?

남자에게 예비군복을 입혀놓으면 아무데서나 드러눕고 노상 방뇨도 잘 한다. 양복을 입으면? 정반대가 된다. 어떤 옷을 입었는가에 따라 말투나 행동거지가 달라진다. 또 '자리가 사람을 만든다'라는 말이 있다. 즉 어떤 사회적 지위에 있는가에 따라 사람이 달라진다는 얘기다.

왜 그럴까? 의상이나 자리가 태도와 행동을 규정하는 원인은 무엇일까? 그것은 가면 때문이다. 내가 지금 어떤 가면을 쓰고 있는가에 따라 남들이 나를 어떻게 보는지가 달라지고, 그것이 현재의 정체성을 만들게 된다. 심리학자들은 그것을 가면이라는 뜻을 가진 페르소나persona라고 명명했다.

페르소나는 사회적 자아라고 할 수 있는데, 사회적 역할에 따른 어떠어떠한 '나'를 의미한다. 그런데 사회구조가 다양해지면서 자신의 역할이 많아지니 그 숫자도 늘 수밖에 없게 되었다. 여기에서 사람들은 헷갈리기 시작한다. 진짜 '나'는 누구일까? 그것이 알고 싶지만 쉬운 일이 아니다.

프로이트는 인간의 마음 속 깊은 곳에 무의식이 존재하고 있음을 발견했다. 무의식은 의식과는 비교가 안 될 정도로 거대하고 실체를 파악하기가 어렵다. 그래서 프로이트는 꿈을 통해서 탐사작업을 했다. 꿈에 투영된 무의식을 찾아내려고 한 것이다. 그러나 단편적인 꿈의 파편만으로 무의식의 형체, 그리고 '나'를 발견하기란 결코 만만한 일이 아니다.

객관적인 파악이 어렵기 때문에 사람들은 꿈을 꾼다. 상상하고 공상을 즐기며 유토피아를 꿈꾸는 것이다. 그 속에 있는 '나'가 진짜 '나'라고 생각한다.

매주 로또를 사는 사람은 당첨을 목표로 하지만, 당첨이 안 되더라도 한 주 동안 심리적인 안정감을 느끼고 희망 속에서 살아갈 에너지를 얻는다. 로또가 돈을 많이 벌 수 있는 이유는 유토피아라는 가상공간을 빌려주는 대가인지도 모른다. 성형외과 의사들이 돈을 잘 버는 이유도 여기에 있다.

 ## 세컨드를 얻는 것은 무죄!

미국에서 시작한 '세컨드라이프second life'는 유토피아를 꿈꾸는

인간의 심리를 충족시켜주는 가상공간이다. 현실 세계와는 다른 또 하나의 제2의 삶을 살아갈 수 있는 것이다. 이곳에서는 내 모습을 마음대로 꾸밀 수 있다.

꽁지머리를 하는데 자신이 없던 사람도 이곳에서는 얼마든지 가능하다. 입고 싶었던 명품 옷을 선택할 수도 있다. 나의 분신인 아바타avatar가 대신 돌아다니면서 활동한다. 바다가 내려다보이는 멋진 집에 살면서 평소 타보고 싶었던 오픈카를 타고 매력적인 파트너와 함께 여행할 수도 있고, 새로운 체험도 즐길 수 있다.

거리는 깨끗하고 공기는 상쾌하다. 오염된 곳이 없으며 모두가 건강하고 행복한 삶을 즐길 수 있다. 또 모두가 평등하다. 이것이 인류가 꿈꾸어오던 유토피아가 아닌가?

사람들의 활동이 점점 가상 세계로 이동하고 있다. 세컨드라이프에서 진행되는 대학 강의실 풍경을 담은 신문기사를 읽으면 가상 세계로의 이동을 짐작하는데 도움이 될 것이다.

"다 왔나요? 조장들은 출석 체크하세요. 재규는 왜 뒤에서 서성거리죠? 곧 수업이 시작될 테니 자리에 앉으세요."

"교수님, 1조는 2명이 안 왔습니다."

"저기도 빈자리가 있는 것 같은데?"

"아, 왔는데요, 잠깐 어디 들른다고 나갔습니다. 곧 돌아옵니다."

분위기만 봐서는 수업이 시작되기 직전의 강의실이다. 그러나 현실 세계가 아니다. 인터넷 3차원3D · 입체 가상 현실 세계인 '세컨드라이프'에서 진행되는 수업 모습이다.

미국 린든랩이 2004년부터 인터넷에서 서비스하는 세컨드라이프에서 대학교 정규 과정 수업이 진행되고 있어 화제다. 중앙대 경영학과 위정현 교수는 이번 가을 학기에 경영학과 전공과목인 '마케팅 조사론'과 '디지털 경영전략론' 수업을 세컨드라이프에서 진행하고 있다. 온라인이지만 오프라인의 실제 수업과 크게 다를 바 없다. 오프라인 강의실을 옮겨 놓은 것처럼 똑같은 강의실에서 학생과 교수가 각자의 분신인 아바타로 들어와 수업을 진행한다. 매주 요일을 정해놓고 수업이 이뤄지며 시간도 실제와 비슷하다.

세컨드라이프에 접속해 중앙대 경영학과의 마케팅 조사론 수업을 참관했다. 마케팅 조사론 강의실은 세컨드라이프 내 코리아타운에 있다. 코리아타운 한복판에 있는 CMI 코리아라는 8층 건물 201호가 마케팅 조사론 강의실이다. … 중략 …

가상 현실 세계의 수업이지만 실제 자신의 목소리로 발표와 질문을 한다. 강의실과 똑같이 생긴 강단에 나가 발표를 할 때는 긴장감마저 감돈다. 파워포인트로 오프라인처럼 자료를 만들어야 하고 이를 강의실 화면에 보여주면서 발표를 진행한다.

가상 현실 세계 강의가 좋은 점은 시간과 장소의 구애를 받지 않는다는 점 외도 많다. 우선 음식을 먹거나 다른 것을 하면서 수업을 들을 수 있다. 내가 실제로 뭘 하는지 보이지 않기 때문이다.

오프라인에서는 사실상 불가능했던 자신의 개성을 마음껏 드러내는 점도 장점이다. 맥주를 마시는 아바타가 있는가 하면 모자를 쓰거나 머리에 특이한 깃털 장식을 한 아바타도 있었다._한경, 2007.12.4

세컨드라이프에서 상품을 구매하려면 환전소에서 돈을 바꿔야 하며, 가상공간 상의 땅도 분양한다. 2006년에 달나라 땅을 분양했는데 대박이 났다는 기사가 있었다.

"대부분의 사람들이 달나라 분양을 농담으로 여기지 않고, 이를 깜짝 생일선물로 구입하고 있다. 고故 요한 바오로 2세 교황, 리처드 닉슨 전前 미 대통령, 팝가수 마돈나, 미 항공우주국의 간부 등도 달나라 토지 소유주"조선, 2006.3.24라는 것이다. 토지양도증서도 있다고 한다.

이게 무슨 현대판 봉이 김선달 같은 얘기냐 하겠지만, 나는 이들을 유쾌한 마케팅의 달인이라고 생각한다. 고객들의 페르소나 뒤에 숨어있는 '나'의 심리를 정확히 읽고, 그들의 집단무의식이 작용할 수 있는 구조를 만들 줄 아는 실력을 갖추고 있기 때문이다.

영화 '아바타'도 이러한 집단무의식을 상상력으로 발전시킴으로써 성공한 좋은 사례다. 사람들은 영화를 보면서 페르소나 속으로 빠져든다. 3D 영화는 이전에도 많았지만 '아바타'가 열풍을 일으킨 것은 바로 페르소나와 '나'의 경계를 넘나드는 데 3D가 묘한 효과를 만들어냈기 때문이다.

영화 '아바타'의 흥행성공을 단순한 오락성으로만 봐서는 안 된다. 이 영화에 열광하는 지구인들의 집단무의식을 통찰해야 한다.

 ## 마케터들이여, 봉이 김선달이 돼라

가상 현실의 위력이 커지면서 기업들도 그곳으로 몰려가고 있다. 좋은 목을 선점해서 광고판을 세우는 것은 물론이고, 아예 땅을 분양받아 사옥을 건설하기도 한다. 지점이나 프랜차이즈도 개설한다.

소니, IBM, 모토롤라, 삼성 등 IT 관련 회사들은 가상체험관을 만들고 아바타 고객들을 유인하고 있다. 화장품 회사들도 들어갔다. 아모레 퍼시픽은 가상 현실에서 메이크업을 체험케 하고 판매로 이끈다.

힐튼호텔은 리조트 휴양지를 가상공간에서 홍보하고 있다. 아바타의 집이 있고 집들이 모여서 타운을 형성하는데 그 가운데 힐튼호텔을 지어놓았다. 여기에서는 힐튼호텔이 단순히 머무는 장소가 아니라 아바타들이 모여서 커뮤니케이션할 수 있는 문화공간으로 제공되고 있다. 타운의 휴양지를 클릭하면 호텔의 구석구석을 관찰할 수 있다. 진짜 영화같은 장면들이다.

발빠른 패션회사들은 아바타의 옷을 디자인하고 맞춤식으로 판매한다. 이미 상당한 인지도를 확보하고 있는 브랜드도 많다. 또한 젊은 세대를 대상으로 하는 엔진, Thursday Island, AMH 등은 가상공간을 테스트 마케팅의 현장으로도 활용하고 있다. 신상품을 아바타 버전으로 만들어서 판매하고, 그 반응에 따라 실제 의류판매에 적용하는 것이다.

바비 인형은 고객이 마음대로 피부와 눈의 색, 머리 모양, 옷의 종류나 액세서리 등을 선택할 수 있게 함으로써 총 7,680가지의 바비 아바타를 선택할 수 있도록 제공하고 있다.

이곳에서는 기업의 마케터들이 무슨 일이든지 할 수 있다. 제약이 없고 개인과 대화할 수 있는 인프라가 구축되어 있기 때문이다. 고객들과 함께 즐길 수 있고, 각종 활동을 후원해줄 수도 있다.

업종에 관계없이 이제는 가상 현실을 도외시한 상태에서는 마케팅을 할 수 없는 환경으로 변해버렸다. 홈페이지에 가상공간을 만드는 사례도 늘고 있다. 스위스 시계회사 스왓치는 'Clerk Genera tion' 이라는 프로그램을 만들었다.

또한 온라인 상의 판매직원을 고객이 만들 수 있도록 한다. 고객은 여러 명의 아바타 중에서 마음에 드는 직원을 선택하고 의상, 스타일, 말투 등을 자신의 취향에 따라 선택할 수 있다. 흥정을 하다가 마음에 안 들면 해고시킬 수도 있다. 고객들에게 재미와 무한만족을 제공하는 것이다.

나이키는 아바타 달리기 대회도 개최한다. 참가자에게 마음에 드는 운동복, 운동화, 모자 등을 착용하고 달릴 수 있도록 한다. 빨간펜 학습지는 아바타 도전 골든벨 프로그램을 진행했다. 학습을 게임으로 하는 에듀테인먼트인 셈이다.

 유쾌한 가면무도회를 즐겨라

가면의 역사는 오래 되었다. 가면을 쓰는 심리는 본 모습을 숨기려는 것이 아니다. 오히려 사회적 체면이나 정체성 때문에 위축되어 있던 자신의 본래 모습을 찾아가려는 것이다. 그러므로 가면은 인간이 유토피아로 가는 수단인 셈이다.

사람들은 누구나 '자신' 이 누구라고 분명히 말하지 못한다. 나도 모르는 또 하나의 '나' 가 존재하기 때문이다. 내가 지킬 박사인지 하이드인지 누구도 자신있게 말하지 못한다. 그것을 구분하는 것은 무척이나 헷갈리고 어려운 일이다.

그렇기 때문에 고객들이 쓰고 있는 가면에만 너무 현혹되어서도 안 된다. 반면 고객들의 말을 그대로 믿지도 마라. 인간의 다중성을 이해하고 페르소나 속에 숨어있는 진짜 '고객'의 음성에 귀 기울여야 한다. 이젠 고객을 일방향적인 분석의 대상이 아니라 함께 축제를 벌이면서 가치를 창출할 파트너로 인식해야 한다.

고객과의 유쾌한 가면무도회를 기획해 보라. 또는 '아바타'를 함께 연출해 보라. 이것은 내면으로의 심리여행을 떠나는 일이다. 온라인 상으로 할 수 있는 인프라가 구축되어 있고, 오프라인에서 한다면 유쾌한 축제가 될 수 있다. 고객 입장에서도 자신을 발견하고 자아를 실현하는 욕구를 만족시킬 수 있는 색다른 경험을 만들게 될 것이다. 가면무도회에서 만나서 비밀스러운 공감을 형성한 고객은 절대 당신 회사를 떠나지 못한다.

'나'의 존재성을 깨닫고, '나'의 활동성을 추적하는 유쾌한 아바타 축제를 즐기는 것, 이것이 페르소나 마케팅의 본질이다.

Main Point 핵심 포인트

영화 '아바타'의 흥행성공을 단순한 오락성으로만 보아서는 안 된다. 이 영화에 열광하는 지구인들의 집단무의식을 통찰해야 한다.
고객이 쓰고 있는 가면에만 현혹되어서도 안 되며, 고객들의 말을 곧이 곧대로 믿지도 마라. 인간의 다중성을 이해하고 페르소나 속에 숨어있는 진짜 '고객'의 음성에 귀 기울여야 한다. 이젠 고객을 일방향적인 분석의 대상이 아니라 함께 축제를 벌이면서 가치를 창출해야 할 파트너로 인식을 전환해야 한다.

에필로그

지금은 1분 전이다

제2차 세계대전 이후 세상에는 많은 변화가 있었다. 경제의 중심이 유럽에서 대서양을 건너 아메리카로 이동하면서 미국이 부상했고, 세계 질서의 재편이 이루어졌다. 그 가운데 50년대 최빈국이었던 우리나라는 경제 구조를 농경 위주에서 산업화 시스템으로 바꾸는 데 성공했고, 경제를 성장시켜 왔다. 이제 한국은 더 이상 후진국도 아니고, 글로벌 스탠다드의 변두리도 아니다.

세상이 또다시 이동하고 있다. 미국의 경제 영향력이 떨어지면서 태평양을 건너 아시아 지역이 중심으로 부상하고 있는 것이다. 우리에게 이러한 기운은 호재가 아닐 수 없다. 좋은 기회를 놓쳐서는 안 된다.

그러나 준비되어 있지 않은 자에게 기회는 거품에 불과하다. 이제는 산업화 경제 구조에서 지식기반 경제 구조로 전환해야 하고, 그에 따라 기업의 비즈니스 모델과 일하는 방식이 달라져야 한다.

그릇이 비어 있지 않으면 채울 곳이 없다. 과거의 것들을 버리고 빈 그릇이 되어야 한다. 그러한 준비를 소홀히 하면 오히려 재앙을 맞이할 수도 있다.

그렇지만 우리의 현실은 그리 낙관적이지 않다. 이미 세를 얻어 글로벌 기업으로 도약한 글로벌 대기업들이 굳히기에 돌입하면서 경제 구조는 산업화 패러다임에서 벗어나지 못하고 있다. 현재의 가치 사슬이 대기업과 정부 중심의 수직구조라는 점이 이러한 논의를 증명한다. 고정되어 가는 가치 사슬에 중소기업이나 벤처들이 뚫고 들어가기란 점점 어려운 상황이 되고 있다.

우리보다 산업화의 역사가 오래된 미국만 하더라도 최근 20~30년간 마이크로 소프트, 애플, 구글 등 세계적인 글로벌 기업의 성공 신화가 만들어졌지만 한국에서는 그러한 사례를 찾아보기 힘들다. 그 원인은 우리 경제의 가치 사슬이 폐쇄적이어서다.

누군가의 표현처럼 '동물원 구조'로는 우리 경제의 지속적인 성장을 기대하기 어렵다. 예측컨대 우리의 경제 구조는 점점 더 양극화 양상을 보일 것이다. 이는 무서운 구조적 결함을 지니고 있음을 깨달아야 한다.

이와 같은 경제 구조의 문제점보다 더 위험한 것은 경영자들과 정부의 인식이다. 세상의 패러다임이 달라지면서 비즈니스 판 자체가 변하는데, 추억에 사로잡혀 아직도 '마케팅 불변의 법칙'을 신봉하며, 하드웨어, 기기device, 제조, 자본 중심의 사물 경제 논리에 묶여 있다. 그것을 깨뜨리는 이노베이션, 새로운 패러다임에 맞는 비즈니스 모델을 창출하는 창의성을 발휘하지 못한다면 지식의 종속국으로 전락할 수도 있다. 왜냐 하면 통찰력과 창의성으로 무장한 '큰 도적'들이 속속 등장하고 있기 때문이다.

미래는 오는 것이 아니라 오래된 것이다. 과거 역사에 미래가 투영되어 있고, 지금의 트렌드 변화 속에 잉태되어 있다. 비즈니스 생태계에 무서운 쓰나미가 오고 있다. 본문에서 예를 들었듯이 그러한 징조들이 점점 빠른 빈도로 나타나고 있다. 1997년 아시아의 IMF 경제위기, 그 후 10년 만에 찾아왔던 세계적인 금융위기, 이러한 진앙은 결코 끝난 것이 아니다. 점차 잦아들면서 메가쓰나미로 변하고 새로운 비즈니스 세상을 낳을 것이다. 우리가 준비할 수 있는 시간이 그리 많지 않다.

간단한 실험을 하나 해보자.
어느 작은 연못에 물벼룩 한 마리가 살고 있다. 단위생식을 하는 이 물벼룩은 정오에 한 마리가 있었는데 1분에 한 번씩 번식을 하여 12시 1분에는 두 마리, 2분에는 네 마리, 3분에는 여덟 마리로 늘어나더니 자정에는 연못을 꽉 채우고 모두 죽고 말았다. 그렇다면 연못의 절반이 채워졌을 때는 언제인가?

답은 11시 59분이다.